Alexandra und Jobst Schlennstedt

111 Orte an der Ostseeküste Mecklenburg-Vorpommerns, die man gesehen haben muss

emons:

Bibliografische Information der Deutschen Nationalbibliothek
Die Deutsche Nationalbibliothek verzeichnet diese Publikation in der Deutschen Nationalbibliografie; detaillierte bibliografische Daten sind im Internet über http://dnb.d-nb.de abrufbar.

MIX
Papier aus verantwortungsvollen Quellen
FSC® C083411

Lektorat: Saskia Römer
Gestaltung: Eva Kraskes, nach einem Konzept von Lübbeke | Naumann | Thoben
Kartografie: altancicek.design, www.altancicek.de
Kartenbasisinformationen aus Openstreetmap,

Druck und Bindung: CPI – Clausen & Bosse, Leck
Printed in Germany 2020
Erstausgabe 2014
ISBN 978-3-7408-0742-9
Aktualisierte Neuauflage August 2020

Vorwort

Ausgerechnet das Dorf Mecklenburg, Namensgeber des westlichen und größeren Teils des Bundeslandes Mecklenburg-Vorpommern, tanzt aus der Reihe. Als Einziger der 111 Orte, zu denen wir Sie mitnehmen möchten, liegt das Dorf südlich der Autobahn 20, unserer anfangs zufällig und später bewusst gewählten Abgrenzung der Region. Denn bei einer so großen Auswahl an interessanten, schönen und einzigartigen Orten an der Küste und deren Hinterland muss man irgendwo eine Trennlinie ziehen.

Die schwierigste Aufgabe bestand darin, sich in diesem so bezaubernden Küstenabschnitt für 111 Orte zu entscheiden. 111 Orte, die die Ostseeküste Mecklenburg-Vorpommerns treffend porträtieren sollen. Die einige Highlights der Region umfassen, aber gleichzeitig Raum für Neuentdeckungen lassen. Es soll ein Mix sein, der für alteingesessene Bewohner genauso lesenswert ist wie für diejenigen, die zum ersten, aber sicher nicht zum letzten Mal hier zu Besuch sind.

Wir als Schleswig-Holsteiner sind dankbar, durch die Arbeit an diesem Buch unsere Nachbarregion noch intensiver kennengelernt zu haben. Atemberaubende Natur, altehrwürdige Hansestädte, grandiose Schlösser und DDR-Geschichte, die an vielen Stellen sichtbar wird und die Region unverwechselbar macht. Kommen Sie mit auf unsere Reise durch diese Region, die ohne Zweifel eine der schönsten Deutschlands ist.

Herzlichst
Alexandra und Jobst Schlennstedt

111 Orte

1 Der Blick auf Wustrow

Die verbotene Insel

Eine Landstraße in einer sanften Hügellandschaft. Mit weitem Blick über Felder und auf das strahlende Blau der Ostsee, das von einem grünen Landstreifen durchschnitten wird. – Für diese Aussicht muss man sich auf die Strandstraße bei Pepelow begeben. Die grüne Landzunge, die das Salzhaff von der Ostsee trennt, ist die Halbinsel Wustrow. Ein Kleinod, das nur durch den schmalen Wustrower Hals mit dem Reriker Festland verbunden ist.

Doch leider kann seine Schönheit nur von Weitem bewundert werden. Der Zugang zur Halbinsel ist nämlich gesperrt. Seit 1998 ist Wustrow im Besitz einer Investorengruppe, die darauf ein groß angelegtes touristisches Bauvorhaben realisieren will. Da die Stadt Rerik sich wegen des befürchteten Verkehrsaufkommens dagegenstellt, untersagte der Investor den Zutritt.

Aber was Wustrow betrifft, ist man im Ostseebad Rerik Kummer gewohnt. 1933 erwarb die Wehrmacht die Halbinsel, die vorher den Gutsherren von Plessen gehörte. Sie errichtete hier die größte Flak-Artillerie-Schule des Deutschen Reiches. Fortan durfte Wustrow nur noch von Lehrkräften, Schülern und Angehörigen betreten werden.

Dem Einzug des NS-Militärs hat Rerik übrigens seinen Namen zu »verdanken«. Die aus dem Slawischen stammende Bezeichnung »Alt-Gaarz«, zu Deutsch »Alte Burg«, musste einer germanischen weichen. Und so wurden Ausgrabungsfunde am Schmiedeberg kurzerhand den Wikingern zugeordnet, die hier ihren Handelplatz »Reric« gehabt haben sollen – was später widerlegt wurde.

Während der sowjetischen Besatzung blieb Wustrow weiterhin Sperrgebiet, was der Natur zugutekam. Nach der Wende und bis zur Absperrung durch die neuen Besitzer waren daher Führungen durch das Wustrower Naturschutzgebiet sehr beliebt. Heute muss man sich mit dem Blick aus der Ferne begnügen: vom Schmiedeberg, vom Wasser oder eben von der Strandstraße in Pepelow aus.

Adresse Strandstraße, 18233 Am Salzhaff (Pepelow) | Anfahrt A 20 bis Kreuz Wismar, A 14 Richtung Wismar, B 105 Richtung Bad Doberan, in Neubukow links auf Schliemannstraße Richtung Am Salzhaff, in Rakow rechts auf Dorfstraße, dann links auf Haffstraße, durch Pepelow fahren und auf Strandstraße bleiben | Tipp Direkt am Wasser (Seeweg) liegt die Surfschule Pepelow. Im Salzhaff finden auch Anfänger ein gutes Revier.

2 Der Münzschatz im Steintor

Nach fast 350 Jahren wieder am Tageslicht

»Verschüttet – vergessen – entdeckt«. So der Titel einer Ausstellung im Jahr 2009, die ein bundesweites Medienecho hervorrief. Im Fokus stand dabei der Anklamer Münzschatz, der bereits 1995 bei Grabungsarbeiten in der Wollweberstraße gefunden wurde. Auf dem Grundstück mit der Hausnummer 42 entdeckten die Archäologen einen Keller aus dem 14. bis 15. Jahrhundert. Sie legten eine Wandnische frei, und zum Vorschein kam eine braune, humose Verfärbung der Erde. Es waren die Reste eines Holzkästchens, das, wie es schien, einst 20 Münzen, zwei Silberlöffel und einen Federkielhalter beherbergt hatte.

Doch das war erst der Anfang. Nach und nach konnten insgesamt 2.579 Münzen sowie silberne und vergoldete Utensilien geborgen werden. Und langsam dämmerte den Wissenschaftlern, was sie da vor sich hatten: einen waschechten Schatz. Vergraben in den Wirren des Dreißigjährigen Krieges, wie das Prägedatum der jüngsten Münze zeigt. Entweder von wohlhabenden Bürgern, die ihr Hab und Gut vor den Besatzern sichern wollten, oder umgekehrt, von Dieben, die fette Beute gemacht hatten.

Nach der Bergung wurden die einzelnen Bestandteile des Schatzes von der Fachbehörde des Landes Mecklenburg-Vorpommern fachgerecht gereinigt und konserviert. Währenddessen waren Teile des Schatzes schon in wechselnden Sonderausstellungen im Museum im Steintor zu sehen. Im Rahmen einer großen Ausstellung zur Stadtarchäologie wurde der Schatz dann 2009 erstmals vollständig im Museum im Steintor präsentiert. Seitdem kann er in der dortigen Ausstellung bewundert werden. Das höchste Torhaus Pommerns beherbergt das älteste Museum der Region, und dieses widmet sich auf einer ganzen Etage dem archäologisch so bedeutenden Fund. Nach der Begutachtung des Schatzes und der weiteren Ausstellungsräume lohnt es sich, die restlichen der 111 Stufen im Turm zu erklimmen und den weiten Ausblick über die Stadt zu genießen.

Adresse Schulstraße 1, 17389 Anklam, www.museum-im-steintor.de | **Anfahrt** A 20, Ausfahrt Anklam, B 119 Richtung Anklam, rechts auf B 110, im Kreisverkehr 2. Ausfahrt, um auf Demminer Straße zu bleiben, weiter auf Marienkirchplatz, Keilstraße, Steinstraße, links auf Peenstraße, rechts auf Nikolaikirchstraße (Parkmöglichkeiten), rechts auf Schulstraße | **Öffnungszeiten** Mai–Sept. Di–Fr 10–17, Sa, So 13–17 Uhr, Okt.–April Mi–Fr 11–15.30, So 13–15.30 Uhr | **Tipp** Ein anderer eindrucksvoller Turm befindet sich südöstlich der Stadt: Der »Hohe Stein« ist Teil des Bodendenkmals Anklamer Landwehr und diente der zusätzlichen Stadtbefestigung.

3 Das Otto-Lilienthal-Museum

Die Geschichte eines tragischen Helden

Der Traum vom Fliegen ist so alt wie die Menschheit selbst. Einem Mann ist es gelungen, ihn in die Realität umzusetzen: Otto Lilienthal – Luftfahrtpionier, Erfinder und berühmtester Sohn der Stadt Anklam. 1891 gelang es ihm zum ersten Mal, mit einem selbst gebauten Gleitflugapparat 25 Meter weite Flüge zu absolvieren. Zwar war es den Gebrüdern Montgolfier bereits rund 100 Jahre zuvor geglückt, mit einem Ballon die Schwerkraft zu überwinden, aber Lilienthals Konstruktion war die erste, die sich nicht durch den Einsatz von Gasen, die leichter als Luft waren, vom Boden löste. Sein »Schwerer-als-Luft«-Prinzip beruhte auf genauen technischen Berechnungen und entsprechenden Konstruktionen.

Er war der Erste, der genau wusste, was er tat. – Bis zu diesem einen Sonntag im August 1896. In 15 Metern Höhe gerät sein Fluggerät durch eine thermische Böe ins Trudeln. Lilienthal stürzt ab und erliegt seinen Verletzungen noch während des Transports ins Krankenhaus.

Auch wenn Lilienthal mit seinen Flugzeugkonstruktionen und Flugversuchen erst in Berlin begonnen hat, wo er auch verstarb und beerdigt wurde, ist die umfassendste Ausstellung zu seinem Lebenswerk nicht in der Hauptstadt zu finden, sondern in seiner Geburtsstadt in Vorpommern. Hier finden sich Rekonstruktionen von allen Lilienthal'schen Fluggeräten sowie der Museumspark »Aeronauticon«. Und der Besucher erfährt, dass der Ruhm nicht nur einem Mann allein gebührt: Otto Lilienthal hat zeit seines Lebens eng mit seinem Bruder Gustav zusammengearbeitet, geforscht und konstruiert. Gemeinsam waren sie ein erfolgreiches Team, erfanden Spielzeug und Maschinen – und entwickelten die theoretischen Grundlagen des Gleitfliegens. Doch kurz vor dem ersten Flug stieg Gustav aus der gemeinsamen Arbeit aus. Das sicherte ihm zwar ein längeres Leben, doch die Pionierleistung ist seither nur mit dem Namen Otto Lilienthal verbunden.

Adresse Ellbogenstraße 1, 17389 Anklam, www.lilienthal-museum.de | **Anfahrt** A 20, Abfahrt Anklam, B 199 Richtung Anklam, rechts auf B 110, im Kreisverkehr 2. Abfahrt, um auf Demminer Straße zu bleiben, weiter auf Marienkirchplatz, im Kreisverkehr 2. Abfahrt auf Neuer Markt, weiter auf Pasewalker Straße, rechts halten auf Pasewalker Allee, links in Ellbogenstraße | **Öffnungszeiten** Juni–Sept. täglich 10–17 Uhr, Okt. und Mai Di–Fr 10–17, Sa, So 13–17 Uhr, Nov.–April Mi–Fr 11–15.30, So 13–15.30 Uhr | **Tipp** Am Pferdemarkt wurde ein Denkmal für Otto Lilienthal aufgestellt, das eine beeindruckende Höhe von 16 Metern hat.

4 Heiligendamm

Die weiße Stadt am Meer

Seit dem G8-Gipfel im Jahr 2007 erübrigt sich jede Erklärung, wenn der Name Heiligendamm fällt. Fast jeder hat noch das Bild vor Augen, wie Angela Merkel mit den mächtigsten Männern der Welt in einem überdimensionalen Strandkorb Platz nahm. Wer schon einmal in Heiligendamm war, weiß, wieso sich die Kanzlerin diesen Ort für das hochrangige Treffen ausgesucht hat. Die weiße Stadt am Meer ist mit ihren klassizistischen Bauten nicht nur wunderschön, sondern durch die sie umgebenden weiten Waldflächen auch sehr gut abzuriegeln. Das aufwendig sanierte und rekonstruierte Grandhotel, in dem die Politiker mit ihrem Gefolge logierten, ist das Herzstück des ältesten Seebads Deutschlands.

Ein Gedenkstein für den mecklenburgischen Herzog Friedrich Franz I. erinnert an die Gründung des Ortes. Es war im Jahr 1793, als Samuel Vogel, Rostocker Professor und Leibarzt des Herzogs, ihn davon überzeugte, dass ein Bad im Meerwasser wohltuende und heilsame Wirkung hätte. Friedrich Franz I. wollte auch andere Menschen in diesen Genuss kommen lassen, und so gründete er das Seebad. Da es zum Ende des 18. Jahrhunderts in Mode war, englische Landschaftsparks auch auf dem europäischen Festland anzulegen, wurden die Gebäude in einen ebensolchen eingebettet. Bäume, Wiesen, Strand und Meer bilden eine gestalterische Einheit, deren Elemente ineinander übergehen – und die damals wie heute den einzigartigen Charme Heiligendamms ausmacht.

Heute zeigt sich der Ort sehr heterogen. Auf der einen Seite das prachtvoll hergerichtete Grandhotel, das den Glanz alter Zeiten repräsentiert. Und daneben die »Perlenkette« der ehemaligen Logierhäuser, teilweise mit bröckelndem Putz und in Wartestellung auf ihre Frischzellenkur. Aber genau diese noch nicht sanierten Häuser geben Heiligendamm seine Authentizität. Sonst wäre der Anblick zu perfekt, und man würde sich wohl doch eher wie in einer Filmkulisse fühlen.

Adresse 18209 Bad Doberan (Heiligendamm), www.heiligendamm.info | **Anfahrt** A 20, Ausfahrt Bad Doberan, Richtung Bad Doberan, dort rechts auf Beethovenstraße, im Kreisverkehr 2. Ausfahrt auf Dammchaussee, am Ende links, im Kreisverkehr 1. Ausfahrt, bis zum Ortskern Heiligendamm | **Tipp** An den Waldrändern in Heiligendamm befinden sich gleich zwei Waldkirchen. Eine evangelische von 1904 und eine katholische aus dem Jahr 1888.

5 Der Kamp

Von Kühen zu Konzerten

Er ist das Herz von Bad Doberan – der Kamp. Gesäumt von den repräsentativsten und schönsten Gebäuden der Stadt, kann man hier herrlich flanieren und den Blick über die klassizistischen Fassaden schweifen lassen. Dann ist schon fast das Flair von Bad Doberans Blütezeit zu spüren. Damals, vor mehr als 200 Jahren, als Großherzog Friedrich Franz I. den Ort zu seinem Sommersitz erklärte. Denn schließlich hatte er 1793 das zu Bad Doberan gehörende erste Seebad Heiligendamm gegründet und benötigte nach dem Badevergnügen eine standesgemäße Residenz.

Er ließ sich das großherzogliche Logierhaus erbauen, das auch heute noch als Hotel anspruchsvolle Gäste empfängt. Später kamen das herzogliche Palais und das Salongebäude dazu. Um den Freizeit- und Erholungswert seiner Sommerresidenz zu steigern, wurde kurzerhand die Kuhweide vor dem Gebäude zu einer zwei Hektar großen Grünanlage umgestaltet. Wege wurden angelegt, prächtige Linden, Eichen, Ulmen und Kastanien gepflanzt, und der Platz wurde während der Badesaison festlich beleuchtet. Ein Gastronom bot Speisen an, Konzerte fanden statt, und Feuerwerke wurden abgebrannt. Hier kam die feine Gesellschaft, ja sogar der Hochadel Europas zusammen, um sich nach den Badefreuden im benachbarten Heiligendamm zu amüsieren.

Ganz so viel Trubel findet heutzutage auf dem Kamp nicht mehr statt. Und trotzdem muss jeder Besucher Bad Doberans einmal hier gewesen sein. Die einen kommen wegen der Kunstausstellungen im Roten Pavillon, die anderen, um im Weißen Pavillon zu speisen. Beide Gebäude wurden Anfang des 19. Jahrhunderts vom herzoglichen Baumeister im klassizistischen Stil mit Einflüssen aus der chinesischen Architektur errichtet. Aber tatsächlich finden sich die meisten ein, um den Kamp einfach nur einmal zu sehen und das besondere Ambiente und das Zusammenspiel von Natur und Architektur auf sich wirken zu lassen.

Adresse Am Kamp, 18209 Bad Doberan | **Anfahrt** A 20, Ausfahrt Bad Doberan, Richtung Bad Doberan, Schwaaner Chaussee, weiter auf Bahnhofstraße und dann auf Alexandrinenplatz, der genau auf den Kamp zuführt | **Tipp** Im Möckelhaus in der Beethovenstraße befindet sich das Stadt- und Bädermuseum Bad Doberans.

6 Der Molli

... setzt Bad Doberan unter Dampf

Nun gut, der Molli ist wirklich kein Geheimtipp. Aber allein der unglaubliche Anblick, wie sich die schnaufende Dampflok in Straßenbahnmanier durch die engen Gassen Bad Doberans zwängt, zwingt dazu, dieser Berühmtheit eine Seite zu widmen. 15,4 Kilometer lang ist die Strecke der Schmalspurbahn, die ihre Fahrgäste seit 1886 von Bad Doberan über Heiligendamm bis Kühlungsborn befördert. Mitten durch die Doberaner Fußgängerzone, vorbei an einer der schönsten Lindenalleen Deutschlands und später parallel zur Steilküste an der Ostsee entlang. Und damals wie heute sind es hauptsächlich Touristen, die in der Bahn mitfahren. Seinerzeit waren es die Badegäste, die mit dem Zug in Bad Doberan eintrafen und durch den Umstieg auf die Bäderbahn bequem ins Seebad Heiligendamm reisen konnten. 1910 wurde die Strecke bis zum Seebad Arendsee, das jetzt zu Kühlungsborn gehört, verlängert. Heute ist es die Fahrt selbst, die die Urlauber aus der ganzen Region anlockt.

Zwischendurch diente der Molli auch dem Gütertransport. Weil normale Güterwaggons allerdings nicht auf der Schmalspurbahn transportiert werden konnten – die Ortsdurchfahrt in Bad Doberan war einfach zu eng –, mussten die Waren umgeladen werden. Da sich dies aber schon bald als unrentabel erwies, wurde der Güterverkehr eingestellt.

Nun ist die Bäderbahn Molli nicht die einzige Schmalspurbahn in Deutschland, und auch historische Dampflokfahrten kann man vielerorts unternehmen. Aber im Molli kann man nicht nur eine Mitfahrt beim Lokführer buchen, sondern sogar an einem Dampflok-Erlebniswochenende die Ausbildung zum Ehrenlokführer absolvieren. Und schließlich hat wohl keine deutsche Dampflok je so viel internationales Publikum gesehen wie der Molli. Denn 2007 war er das einzig zugelassene Transportmittel für die Pressevertreter, die während des G8-Gipfels in Heiligendamm in einem eigens für diesen Anlass errichteten Pressezentrum untergebracht waren.

Adresse Am Bahnhof, 18209 Bad Doberan, www.molli-bahn.de | **Anfahrt** A 20, Ausfahrt Bad Doberan, Richtung Bad Doberan, Schwaaner Chaussee, weiter auf Bahnhofstraße, der Bahnhof liegt rechter Hand | **Öffnungszeiten** aktuelle Fahrpläne auf der Website | **Tipp** An der Endstation in Kühlungsborn-West befindet sich das Molli-Museum mit Café.

7 Das Münster

Kleine Stadt, große Kirche

Bad Doberan ist ein beschauliches Städtchen mit 11.000 Einwohnern. Mittendrin steht eine Kirche, die mit ihren Dimensionen und ihrer Ausstattung die Gotteshäuser der Großstädte in der Umgebung, fast schon in ganz Norddeutschland, in den Schatten stellt. Das Bad Doberaner Münster erzählt die Geschichte von den Anfängen des Ortes, der auf eine Gründung durch Zisterziensermönche im 12. Jahrhundert zurückgeht. Sie kamen aus dem Kloster Amelungsborn im Weserbergland und ließen sich 1171 in Althof, das heute ein Stadtteil von Bad Doberan ist, nieder. Nach der Zerstörung der Klosteranlage während eines Aufstands nahmen sie die Neugründung des Ordens an heutiger Stelle vor und errichteten eine kleine Backsteinbasilika im romanischen Stil, die 1232 geweiht wurde. Als erstes mecklenburgisches Kloster und wichtigste Grablege der Landesfürsten erlangte der Orden schnell Ansehen und Reichtum, sodass schon bald ein imposanteres Bauwerk geplant werden konnte.

74 Jahre dauerte es von der Grundsteinlegung bis zur Weihe des neuen Münsters im hochgotischen Stil. Das Vorgängergebäude wurde in den Baukörper der neuen Kirche eingegliedert, was man an dem Treppengiebel im unteren Bereich der westlichen Fassade erkennen kann. Dies verdeutlicht noch einmal den immensen Größenunterschied zwischen beiden Gotteshäusern.

Beeindruckend ist auch die Ausstattung: In ganz Europa gibt es keine Zisterzienserkirche, die reicher ausgestattet ist als das Doberaner Münster. Die relativ geringe Bedeutung Doberans im 16. Jahrhundert war in dieser Hinsicht ein Glücksfall. So blieb die Kirche nach der Auflösung des Klosters von weitreichenden Umbauten der nachfolgenden Stilepochen verschont. Auch die DDR-Regierung erkannte das Münster als schützenswertes Denkmal an, weshalb es sich heute als bedeutendstes mittelalterliches Bauwerk Mecklenburg-Vorpommerns präsentieren kann.

Adresse Klosterstraße 2, 18209 Bad Doberan, www.muenster-doberan.de | Anfahrt A 20, Ausfahrt Bad Doberan, Richtung Bad Doberan, rechts auf B 105 (Rostocker Straße), links halten und auf B 105 bleiben (Am Buchenberg), links auf Klosterstraße | Öffnungszeiten Mai–Sept. Mo–Sa 9–18 Uhr, März, April und Okt. Mo–Sa 10–17 Uhr, Nov.–Feb. Mo–Sa 10–16 Uhr, So und Feiertage jeweils ab 11 Uhr | Tipp Die ehemalige Klosteranlage neben dem Münster ist heute in weiten Teilen ein Landschaftspark, der Außenstelle der Rostocker IGA war.

8 Die Hütter Klosterteiche

Slow Food – seit dem Mittelalter

»Ordne dich den Jahreszeiten unter, übe dich in Geduld und verwende viel Mühe für die tägliche Kost!« So lautete ein Leitspruch des Zisterzienserordens. Dieser wurde Ende des 11. Jahrhunderts in Frankreich zur Reformation des Benediktinerordens gegründet. Denn die Benediktiner hatten teilweise die einfache Lebensführung ihres Ordensgründers verlernt, häuften Vermögen an, erwarben große Ländereien. Die Zisterzienser besannen sich auf die Ursprünge. Sie verzichteten auf Einnahmen aus Verpachtungen und die Erhebung von Steuern, den sogenannten Zehnten, den die Bauern den Klöstern oft in Form von Naturalien zahlten. Die Zisterzienser bauten stattdessen alle ihre Lebensmittel eigenhändig an.

Und heute? Da wird Essen häufig einfach in die Mikrowelle geschoben und sollen Erdbeeren auch im November verfügbar sein. In einer schnelllebigen, globalisierten Welt scheint für einen achtsamen Umgang mit Nahrungsmitteln kein Raum mehr zu sein.

Aber es gibt noch ein paar Orte, an denen die Zeit stehen geblieben zu sein scheint. Zum Beispiel im Hütter Wohld, denn in diesem Waldgebiet liegen die Hütter Klosterteiche. Bis ins 16. Jahrhundert wurden sie von den Mönchen des nahe gelegenen Zisterzienserklosters in Bad Doberan bewirtschaftet. Heute haben sich die Betreiber des Fischereihofs Detlefsen ihrer angenommen. Sie haben sich den alten Leitsatz der Mönche zu Herzen genommen, verwenden regionale Produkte in ihrer Küche, lassen sich Zeit bei der Fischzucht und fangen die Tiere nur zu der Jahreszeit, in der sie dafür »reif« sind. So gibt es Karpfen nur von Oktober bis April. Ein Unterschied, den man schmeckt. Dazu werden ausgesuchte Weine angeboten.

Und als ob das nicht schon genug Gründe wären, um diesen Ort unbedingt einmal zu besuchen, liegt der Fischereihof auch noch wunderbar idyllisch in einem Reetdachhaus am Teichgebiet inmitten des Waldes.

Adresse Am Hütter Wohld 5, 18209 Bartenshagen-Parkentin (Hütten), www.fischereihof.de | **Anfahrt** A 20, Ausfahrt Bad Doberan, Richtung Bad Doberan, in Hanstorf rechts auf Parkentiner Straße, in Parkentin links Richtung Hütter Wohld | **Öffnungszeiten** für Restaurant und Fischladen auf der Website | **Tipp** Sehenswert ist auch die Kapelle von Althof. Hier liegt der Ursprung des Doberaner Zisterzienserordens.

9 Das sagenhafte Vineta

Für immer ein Rätsel?

»Vineta, Vineta, du reiche Stadt, Vineta soll untergehen, weil sie viel Böses getan hat.« Musste die sagenumwobene Ostseemetropole Vineta, die vor 1.000 Jahren existiert haben und im 12. Jahrhundert einem verheerenden Sturmhochwasser zum Opfer gefallen sein soll, aufgrund des moralischen Verfalls und des Hochmuts ihrer Bürger untergehen? So zumindest lautet die Sage.

Eigentlich waren sich alle Forscher und Historiker einig: Vineta, das Atlantis der Ostsee, lag irgendwo im Mündungslauf der Oder vor Usedom oder der polnischen Insel Wollin. Bis 1999 der Publizist Günter Wermusch und Dr. Klaus Goldmann vom Berliner Museum für Ur- und Frühgeschichte daherkamen und Unglaubliches behaupteten. Die Reste Vinetas liegen angeblich im Schlamm des Barther Boddens begraben. Doch kann das sein?

Während in Wollin seit Jahrzehnten Funde ausgegraben wurden, die den Beweis für Vineta liefern sollten, stellten Wermusch und Goldmann eine These auf, die auf großes mediales Interesse stieß. Demnach basierten die bis dato überlieferten Forschungsergebnisse auf falschen Annahmen. Grundsätzlich galt die Lage Vinetas an einer Odermündung als gesichert. Doch vor 1.000 Jahren war der Lauf der Oder ein anderer als heute. Ein Mündungsarm floss lange Zeit über Anklam bis nach Barth. Zudem lieferten Wermusch und Goldmann als Indiz sprachwissenschaftliche Deutungen von Orts- und Flurnamen in der Gegend um Barth, die die Lage Vinetas genau in dieser Region wahrscheinlich machen.

Doch bis heute gibt es keine endgültigen Beweise. Weder für die eigentliche Existenz Vinetas noch für die exakte Verortung. Das hat die Stadtoberen von Barth jedoch nicht daran gehindert, die Gunst der Stunde zu nutzen. Der Name Vineta wurde als Markenname gesichert, das historische Museum zum Vineta-Museum umbenannt und am Hafen eine Vinetasäule aufgestellt. Seit 1999 ist in Barth alles anders.

Adresse 18356 Barth | **Anfahrt** B 105, bei Löbnitz in Richtung Barth abbiegen, das Vineta-Museum liegt in der Lange Straße 16, die Vinetasäule findet man auf einem Platz zwischen Westhafen und Osthafen | **Tipp** In der Kirche des ehemaligen St.-Jürgen-Hospitals befindet sich das niederdeutsche Bibelzentrum. Es geht auf den ersten Bibeldruck Pommerns zurück, der 1588 in Barth erfolgte.

10 Die Stove-Holländermühle

… und sie dreht sich doch – bis heute

Windmühlen wurden schon immer dort gebaut, wo es viel Wind gibt. So war und ist es auch in der Küstenregion Mecklenburg-Vorpommerns. Lange bevor die stromerzeugenden Kolosse aus Beton und Stahl Einzug hielten, waren es von Hand gebaute Mühlen aus Holz, die die Silhouette der Landschaft prägten. Meist waren es Holländermühlen – entweder Erdholländer, deren Flügel vom Boden aus bedient wurden, oder die etwas größeren Galerieholländer, deren Flügel nur über einen umlaufenden Balkon erreichbar waren. Nur wenige dieser historischen Mühlen Mecklenburg-Vorpommerns sind noch gut erhalten, und voll funktionsfähig ist nur ein geringer Teil von ihnen.

Zu Letzteren gehört die Windmühle in Stove. Der 15 Meter hohe Mühlenturm, der ein Windrad mit einem Durchmesser von 22 Metern trägt, gehört zur Kategorie der Erdholländermühlen. In der 1889 außerhalb des Ortes auf einem Hügel errichteten Mühle hat noch bis 1976 ein Müllermeister mit Windkraft Korn zu Mehl gemahlen, das in der benachbarten Bäckerei verarbeitet wurde. Nur zwei Jahre nachdem er den Betrieb einstellte, wurde die Mühle unter Denkmalschutz gestellt. Der Müllermeister blieb ihr als »Museumsdirektor« bis zu seinem Tod treu.

Seit 1990 dreht sich das Windrad wieder, und wenn eine ordentliche Brise weht, wird vorgeführt, wie das mit dem Mehlmahlen früher ging. Anschließend schlüpfen die Besucher in die Rolle des Bäckermeisters und kneten ihren eigenen Laib Brot, der dann in den Lehmbackofen wandert. Ein Verein kümmert sich um die Mühle und das Programm, das besonders gern von Schulklassen gebucht wird. Dazu gehört auch das Filzen, Spinnen und Stricken von Wolle oder die Herstellung von Butter. Und für alle, die wirklich nur gekommen sind, um die Mühle einmal in Betrieb zu sehen, gilt: nicht enttäuscht sein, wenn es mal windstill ist. Im Notfall kann sich das Windrad auch mit elektrischer Unterstützung drehen.

Adresse Mühlenstraße 34, 23974 Boiensdorf (Stove), www.muehlenverein-stove.de | **Anfahrt** A 20 bis Kreuz Wismar, A 14 Richtung Wismar, weiter auf Osttangente, im Kreisverkehr 1. Abfahrt auf Hoher Damm, in Groß Strömkendorf rechts auf Am Schäfereck, weiter bis Stove, die Mühle liegt direkt an der Ortsdurchfahrt | **Öffnungszeiten** April–Okt. Di–So 10–16 Uhr, Juli–Aug. täglich 10–18 Uhr, Nov.–März nach Absprache (siehe Website) | **Tipp** An der Küste bei Boiensdorf befindet sich der Boiensdorfer Werder. Die Halbinsel, die teilweise unter Naturschutz steht, ist Brut- und Rastplatz vieler Vogelarten.

11 Das Buddelschiffmuseum

Wie das Schiff in die Flasche kommt

Wie kommt das Schiff in die Flasche? Diese Frage stellt man sich unmittelbar beim Anblick eines Buddelschiffs. Es ist offensichtlich, wie viel Arbeit allein im Bau eines filigranen Modellschiffs steckt. Aber wie dieses Modell dann auch noch in die Buddel gelangt, übersteigt oft die Vorstellungskraft. In Boltenhagen kann man einem Meister des Buddelschiffbaus über die Schulter schauen und es herausfinden.

Seit über 40 Jahren fertigt Jürgen Kubatz die Modellschiffe in der Flasche – und er hat sich die Technik selbst beigebracht. Welche das genau ist, das können die Besucher vor Ort sehen. Denn es gibt verschiedene Arten, wie das Schiff in sein Gehäuse wandern kann. Die einen bauen umklappbare Segelmasten, die anderen zerteilen das fertige Schiff und kleben es in der Buddel wieder zusammen. Jeder Buddelschiffbauer hat seine Lieblingstechnik, die er im Detail für seine Bedürfnisse verfeinert hat. Nur eines verwendet mit Sicherheit keiner – die geheimnisvolle Flüssigkeit, von der man im alten Seemannsgarn erzählte. Sie soll die Hand des Baumeisters so geschmeidig gemacht haben, dass sie mühelos durch den schmalen Flaschenhals gleiten und das gesamte Schiff innerhalb der Flasche zusammensetzen konnte.

Im 19. Jahrhundert, der Hochzeit des Flaschenschiffbaus, fand diese Geschichte sicherlich begeisterte Zuhörer. Schließlich hatten die filigranen Modelle, die häufig von rauen Seemännern zum Zeitvertreib auf See gefertigt wurden, etwas Geheimnisvolles.

Besonders faszinierend waren und sind natürlich die Exemplare, deren Rumpf weitaus größer als der Flaschenhals ist. Im privaten Buddelschiffmuseum von Jürgen Kubatz sind es besonders die Modelle bekannter und geschichtsträchtiger Schiffe – wie der Titanic oder der Gorch Fock –, für die sich die meisten Besucher begeistern. Aber dies sind nur zwei von über 250 beeindruckenden Exponaten.

Adresse Ostseeallee 23, 23946 Ostseebad Boltenhagen | **Anfahrt** A 20, Ausfahrt Wismar-Mitte, B 208 Richtung Wismar, im Kreisverkehr 3. Ausfahrt auf B 106, weiter auf B 105, in Gägelow rechts auf Klützer Straße, Straßenverlauf für 12 Kilometer folgen, im Kreisverkehr 1. Abfahrt, An der weißen Wiek im Kreisverkehr 2. Abfahrt, weiter bis Ostseeallee | **Öffnungszeiten** unregelmäßig, einfach klingeln | **Tipp** Ganz in der Nähe der Seebrücke liegt die sehenswerte denkmalgeschützte Kirche zur Paulshöhe in der Ostseeallee, Ecke Klützer Straße.

12 Der Fischereihof Kamerun

Erinnerung an die Fischer der Wiek

Südöstlich von Boltenhagen, nahe des Ortsteils Tarnewitz, befindet sich die »Weiße Wiek«. An einer schönen Bucht wurden hier in kurzer Zeit 76 Millionen Euro verbaut und 2008 ein neues Ferienzentrum eröffnet. Dazu gehören ein Apartmenthotel, ein 13.000 Quadratmeter großes Wellnesshotel und eine Marina mit fast 300 Liegeplätzen. Selbstverständlich alles im gehobenen Stil. Und am Rande der Anlage ein modernes Fischrestaurant mit einem ungewöhnlichen Namen: Kamerun.

Auch wenn er nicht so recht hierhin zu passen scheint, denn afrikanisch muten weder Interieur oder Speisekarte noch die Umgebung auf der Weißen Wiek an, ist der Name doch an der richtigen Stelle. Denn er erzählt etwas über die Geschichte des Ortes, an dem sich das Restaurant befindet. Es ist noch nicht einmal 100 Jahre her, da legten hier keine schicken Freizeitsegler an, sondern einfache Fischerboote. Und an Land waren statt der hochwertigen Ferienunterkünfte die Behausungen der hier arbeitenden Fischer zu sehen. Und das waren einfache, aus Schilf gebaute Hütten. Genau solche, wie es sie auch in den Dörfern im afrikanischen Busch gab – zumindest in der Vorstellung der mitteleuropäischen Bewohner und Besucher Boltenhagens, von denen wahrscheinlich kaum einer das echte Kamerun je gesehen hatte. Egal. Der Strandabschnitt hatte seinen Namen weg. Und auch wenn es hier keine Strandkörbe und Badehäuschen gab, sondern die Fischer am Strand den Tagesfang sortierten und die Netze zum Trocknen aufhängten, kamen einige Feriengäste doch gerne in die beschauliche Bucht. Hier konnte man den Geschichten der Fischer lauschen oder sich ein ruhiges Fleckchen in der Natur suchen.

Einige Jahre später war es mit der Idylle vorbei: das Gelände wurde zum Militärhafen. Doch diese Zeiten sind glücklicherweise vergangen. Und angesichts dieses Kapitels kann man sich auch besser mit der heutigen Retorten-Bebauung anfreunden.

Adresse Zum Hafen 1a, 23946 Ostseebad Boltenhagen (Tarnewitz) | **Anfahrt** A 20, Ausfahrt Wismar-Mitte, B 208 Richtung Wismar, im Kreisverkehr 3. Ausfahrt auf B 106, weiter auf B 105, in Gägelow rechts auf Klützer Straße, Straßenverlauf für 12 Kilometer folgen, im Kreisverkehr 1. Abfahrt, An der weißen Wiek rechts abbiegen auf Zum Hafen | **Öffnungszeiten** April – Okt. täglich 10 – 22 Uhr, Nov. – März unregelmäßig geöffnet (Info unter Tel. 038825/267231) | **Tipp** Die Steilküste von Boltenhagen, die nördlich des Ortes liegt, ist einen Besuch wert, da man von hier aus einen schönen Rundumblick auf die Bucht hat.

13 Der Darßer Weststrand

Ursprünglich, rau und wunderschön

Ein einsamer Strand, fernab der Zivilisation, mit feinstem weißen Sand, begrenzt von einem dichten Wald und völlig naturbelassen. Nein, dies ist nicht Robinson Crusoes Insel, sondern der Darß. Nun gut, das »fernab« muss man auf fünf Kilometer reduzieren, und das »einsam« entspricht im Sommer leider nicht ganz der Realität. Aber für den Rest gilt: Einen ursprünglicheren und eindrucksvolleren Strand kann man an der deutschen Ostseeküste nicht finden. Deshalb wurde er auch schon in einem Atemzug mit Miami Beach und der Copacabana genannt – als einer der 20 markantesten Strände weltweit.

Dass es am Weststrand nicht so voll ist wie an anderen, weitaus weniger eindrucksvollen Stränden, liegt an seiner Entfernung zu den nächstgelegenen Orten. Wer hierhin kommen will, muss sich auf einen langen Weg zu Fuß oder auf dem Rad einlassen. Die Strecke führt durch den sogenannten Urwald, der eigentlich Darßwald heißt. Und schon der ist ein Erlebnis für sich. Auf einer Fläche von 5.800 Hektar, die unter Naturschutz stehen, kann man teilweise die Spuren früherer Bewirtschaftung erkennen. Andere Abschnitte sind hingegen von dichtem Bewuchs und moorigen Flächen gekennzeichnet. Kurz vor dem Strand bekommt der Wald sein charakteristisches, vom Wetter geprägtes Aussehen. Windflüchter nennt man die Bäume, deren Stämme sich durch die konstante Windeinwirkung von der Küste weg neigen und deren Kronen durch ihn wie Fahnen geformt wurden.

Dass es am Weststrand trotzdem voller ist, als man erwarten würde, spricht für die einmalige und außergewöhnliche Schönheit dieses Fleckchens Erde. Für diese 13 Kilometer Traumstrand nimmt man den Ritt durch den Wald gern auf sich. Verzichtet auf Strandkorb, Eisbude und öffentliche Toilette. Die meisten Besucher zieht es gerade wegen der fehlenden Infrastruktur und der weitgehenden Naturbelassenheit hierher.

Adresse Darßer Ort, 18375 Ostseebad Prerow | **Anfahrt** A 20 bis Kreuz Rostock, A 19 Richtung Rostock, Ausfahrt Rostock-Ost, B 105 Richtung Ribnitz-Damgarten, links Richtung Dierhagen, Hauptstraße bis Prerow folgen, links auf Wieker Weg, weiter auf Strandstraße, links auf Waldstraße, rechts auf Bernsteinweg, bis zum Parkplatz und zu Fuß den markierten Wegen zum Weststrand folgen | **Tipp** In Prerow lädt in der Waldstraße der Kulturkaten »Kiek in« zu einem vielfältigen Veranstaltungsprogramm ein.

14 Das Natureum

Museum in unberührter Natur

Der Darßer Leuchtturm ist der älteste Leuchtturm Mecklenburg-Vorpommerns, der heute noch in Betrieb ist. Seit 1848 lotst er Schiffe sicher durch die Untiefen vor der Halbinsel Fischland-Darß-Zingst. Seit 1991 ist er auch für Landratten eine Wegmarke und unbedingt einen Besuch wert. Denn seither befindet sich im Leuchtturm und den zugehörigen Gebäuden das Natureum, das einer von vier Standorten des Deutschen Meeresmuseums ist. Leuchtturm und Museum liegen mitten im Darßer »Urwald«, der frei von Autoverkehr ist. Besucher, die nicht so gut zu Fuß unterwegs sind, können den fünf Kilometer langen Weg durch das wilde Grün mit der Pferdekutsche zurücklegen. Ein stimmungsvoller Einstieg für den folgenden Museumsbesuch.

Im Natureum erfährt man viel Naturkundliches, vor allem über den Darßer Ort und die Entstehung dieser nordwestlichen Spitze der Halbinsel. Die Küste ist hier nämlich in ständiger Bewegung und durch das kontinuierliche Anspülen von Sand stetig angewachsen. Auf drei Etagen im Leuchtturmwärterhaus erfährt der Besucher alles über diese Küstendynamik sowie den Naturraum auf dem Darß und in der Ostsee.

In einem ehemaligen Stallgebäude kann man in die Meereswelt eintauchen. In drei Aquarien mit 20.000 Liter Salzwasser gibt es mehr als 30 Arten von Fischen und Wirbellosen zu sehen. Flundern, Dorsche, Sandkrabben – allesamt Tiere, die in der freien Natur auch in der Ostsee vor dem Darßer Ort leben.

Zu guter Letzt sollte man sich nicht den Aufstieg zur Aussichtsplattform des Leuchtturms entgehen lassen. Nach 134 Stufen kann man einen faszinierenden Ausblick auf den Darßwald, die gesamte Halbinsel und das Festland erleben. Bei klarer Sicht reicht der Blick bis Hiddensee und sogar zu den Kreidefelsen der dänischen Insel Møn. Und wer sich dafür interessiert, erfährt im Erdgeschoss alles Wissenswerte zur Historie des Leuchtturms.

Adresse Darßer Ort, 18375 Ostseebad Prerow, www.meeresmuseum.de/natureum | **Anfahrt** A 20 bis Kreuz Rostock, A 19 Richtung Rostock, Ausfahrt Rostock-Ost, B 105 Richtung Ribnitz-Damgarten, links Richtung Dierhagen, Hauptstraße bis Prerow folgen, links auf Wieker Weg, weiter auf Strandstraße, links auf Waldstraße, rechts auf Bernsteinweg, bis zum Parkplatz und zu Fuß den markierten Wegen zum Natureum folgen | **Öffnungszeiten** Mai, Sept., Okt. täglich 10–17 Uhr, Juni–Aug. täglich 10–18 Uhr, Nov.–April Mi–So 11–16 Uhr | **Tipp** In der Darßer Arche, Bliesenrader Weg in Wiek, befindet sich ebenfalls eine naturkundliche Ausstellung. Diese befasst sich mit dem Nationalpark Vorpommersche Boddenlandschaft.

15 Der Prerower Strom

Wunderschönes grünes Grenzgebiet

Fischland-Darß-Zingst – ein sperriger Name für eine wunderschöne Halbinsel, der aber seine Berechtigung hat. Schließlich waren es einst drei Inseln, die durch Flutrinnen zwischen der Ostsee und der Boddenkette voneinander getrennt waren. So lange, bis der Mensch diese schloss. Zuletzt war dies im 19. Jahrhundert zwischen dem Darß und dem Zingst der Fall. Hier war der Prerower Strom die natürliche Grenze, die als zehn Kilometer langer Meeresarm der Ostsee bis zum Bodstedter Bodden reichte. Das Sturmhochwasser von 1872, welches das bislang schwerste an der Ostsee war, führte zur Versandung des Stroms im nördlichen Bereich. Zwei Jahre später wurde diese Stelle zugeschüttet und durch einen Deich gesichert. Zingst war fortan ein Teil der Halbinsel, welche die Darß-Zingster Boddenkette von der Ostsee trennt.

Seitdem ist der Prerower Strom ein Strom ohne Strömung. Mit seinen bis zu drei Metern Tiefe ist er ein eher ruhiges Gewässer mit einer vielfältigen Tier- und Pflanzenwelt. Dazwischen ist Grün – so weit das Auge reicht. Meist handelt es sich dabei um Salzgraswiesen, die teilweise als Weideland genutzt werden. Natürlich nur in extensiver Form, schließlich gehört das Gebiet zum »Nationalpark Vorpommersche Boddenlandschaft« und steht unter Schutz. Ein Abstecher in das »Grenzgebiet« des Prerower Stroms ist daher für Naturliebhaber absolut lohnenswert.

Wer möchte, kann den Strom per Kajak, Tret-, Ruder- oder Motorboot erkunden oder auf dem Fahrgastschiff vom Hafen in Prerow bis zum Bodstedter Bodden schippern.

An der Insel Schmidtbülten vorbei eröffnet sich eine weite Wasserfläche, die einem fast vortäuschen möchte, dass man sich auf dem offenen Meer befindet. Doch die Küstenlinie verdeutlicht das Gegenteil – kein sanfter Sandstrand, sondern üppiges Schilfrohr ist hier zu sehen und macht den besonderen Charme der Boddenlandschaft aus.

Adresse zum Beispiel: Hafen, 18375 Ostseebad Prerow | Anfahrt A 20 bis Kreuz Rostock, A 19 Richtung Rostock, Ausfahrt Rostock-Ost, B 105 Richtung Ribnitz-Damgarten, links Richtung Dierhagen, Hauptstraße bis zum Prerower Hafen folgen, von hier aus per pedes oder Fahrrad am Strom entlang | Tipp Ein Verleih für Tret-, Ruder- und Motorboote sowie Kanus befindet sich im Hafen Prerow.

16 Die Harkenbäkniederung

Naturschutz statt Sperrzone

Der Eiserne Vorhang, der Europa und Deutschland lange Zeit in Ost und West trennte, war für die Menschen ein Fluch. Für die Natur entpuppte er sich jedoch als Segen. Denn an den sogenannten Todesstreifen schloss sich eine fünf Kilometer breite Sperrzone an. Dieser Bereich wurde weitestgehend frei von Bebauung und Verkehr gehalten. Damit bot er den idealen Rückzugsraum für bedrohte Tier- und Pflanzenarten, die sich hier fast 40 Jahre lang ungestört entwickeln konnten. Nach der Wende wurde auf dem ehemaligen Grenzstreifen das erste gesamtdeutsche Naturschutzprojekt »Das Grüne Band« initiiert. Die entstandenen Biotope sollten nicht durch Straßen oder landwirtschaftliche Nutzung zerstört werden.

Der nördlichste Zipfel dieses Projektes befindet sich im Bereich der Harkenbäkniederung. Das 580 Hektar große Naturschutzgebiet umfasst die Küstenlandschaft vom Örtchen Barendorf bis zum Priwall. Und so finden Naturliebhaber hier besonders ursprüngliche Abschnitte mit Strandwällen, Dünen und Kliffküste. Im Osten wird die Landschaft durch die Harkenbäk durchschnitten, deren Flussauen von Röhricht und dem immer sumpfigen Bruchwald bewachsen sind. Dass die Landschaft hier so moorig ist, hängt mit ihrer Entstehungsgeschichte zusammen. Während der Eiszeit bildete sich unter den Gletschermassen ein Tunneltal aus. Nach dem Abschmelzen des Eises verlandete das Gebiet bis auf die kleine Harkenbäk, die in die Ostsee mündet. Später sorgte der Mensch für eine stärkere Entwässerung, um die Flächen als Grünland nutzen zu können. Nach der Trocknung sackten die Flächen teilweise bis unter den Meeresspiegel ab. Die Niederung trägt ihren Namen also völlig zu Recht.

Und so unbedeutend das Flüsschen auch scheinen mag, im Mittelalter spielte die Harkenbäk eine entscheidende Rolle. Sie markierte seit dem 12. Jahrhundert die östliche Grenze der Reede, die zu Travemünde gehörte.

Adresse 23942 Dassow (Barendorf) | **Anfahrt** A 20, Ausfahrt Schönberg, B 104 Richtung Schönberg, zweimal links abbiegen Richtung Dassow, rechts auf B 105 durch Dassow, links auf Klützer Straße, links Richtung Wieschendorf, rechts Richtung Harkensee, in Harkensee an der 1. Gabelung links halten, danach gleich rechts und anschließend die 1. Straße links abbiegen und auf Straße der Freundschaft nach Barendorf, parken und geradeaus weiter Richtung Strand, das NSG liegt links Richtung Priwall | **Tipp** Im Tigerpark Dassow im Gewerbegebiet Holmer Berg gibt es nicht nur Raubtiere, sondern auch einen Erlebnisbereich und einen Mitmachzirkus.

17_Die Mecklenburg

Namensgeberin der ganzen Region

Zwischen der Hansestadt Wismar und dem Schweriner See liegt ein beschauliches Dörfchen, das denselben Namen trägt wie die gesamte Region: das Dorf Mecklenburg. Die Touristen, die hierherkommen, sehen sich meist die Kirche aus dem 14. Jahrhundert, die Windmühle oder das Agrarmuseum an. An dieser Stelle sei jedoch ein Besuch des örtlichen Friedhofs wärmstens empfohlen, denn er ist der geschichtsträchtigste Ort des Dorfes.

Der Straßenname »Am Burgwall« verrät es schon, und auch der mächtige Ringwall, auf dem sich die Grabstätten befinden, zeigt deutlich: Hier stand einst eine Burg. Und diese trug ebenfalls den Namen, der noch heute die westliche Hälfte des Bundeslandes bezeichnet. Archäologische Ausgrabungen belegen, dass die Anlage bereits im 7. Jahrhundert von dem westslawischen Stammesverband der Abodriten errichtet wurde. Im Jahr 995 wurde sie erstmals urkundlich als Miklinburg oder Michelenburg erwähnt, woraus im Laufe der Zeit Mecklenburg wurde.

Zu ihrer Blütezeit soll sie die Hauptburg und der Sitz des Stammesfürsten der Abodriten gewesen sein, deren Siedlungsgebiet sich bis nach Holstein erstreckte. Durch ihre engen Handelsbeziehungen zum mittelalterlichen Umschlagplatz Reric war die Anlage weithin bekannt. Trotzdem wurde sie nach Zerstörung und Wiederaufbau im 13. Jahrhundert schließlich abgetragen. Aus dem slawischen Stammesverband, der zwischenzeitlich Heinrich dem Löwen unterlegen war, war das Adelsgeschlecht der Obodriten hervorgegangen, das weiterhin die Regentschaft über Mecklenburg behalten durfte. Und einer dieser Regenten, Johann I., Herr zu Mecklenburg, besann sich nicht auf das Erbe seiner Vorfahren, sondern verwendete die Burg als »Steinbruch« für das Wismarer Schloss. Geblieben sind der bis zu sieben Meter hohe Ringwall, ein Gedenkstein und natürlich der berühmte Name, der an die einstige Bedeutung des Ortes erinnert.

Adresse Am Burgwall, 23972 Dorf Mecklenburg | **Anfahrt** A 20, Ausfahrt Wismar-Mitte, B 208 Richtung Wismar, rechts auf B 106, Richtung Schwerin/Dorf Mecklenburg, links auf Bahnhofstraße, rechts auf Am Burgwall | **Tipp** Im nahe gelegenen Bobitz befindet sich das Gut Tressow mit seinem spätklassizistischen Schloss. Hier kann man sogar seinen Urlaub verbringen.

18__Das Hohe Ufer

… wie der Name schon sagt …

Wer im Urlaub möglichst vielfältige Natur auf engem Raum sucht, ist auf der Halbinsel Fischland-Darß-Zingst genau richtig. Allein an den Küsten und Stränden hat man die Wahl zwischen sanfter Dünenlandschaft, rauem Küstenwald oder schnurgeradem Deich.

Besonders eindrucksvoll ist der Abschnitt an der engsten Stelle von Fischland, wo Ostsee und Bodden nur wenige hundert Meter voneinander getrennt sind. Der Küstenabschnitt hier trägt den schlichten Namen »Hohes Ufer«, denn genau das findet man hier: eine bis zu 18 Meter abfallende, teilweise zerklüftete Steilküste, die aus Sanden der Eiszeit gebildet wurde. Das lockere Material wird bei starkem Wellengang, Regen und besonders durch herbstliche Stürme abgetragen, sodass sich die Uferlinie Jahr für Jahr um bis zu fünf, manchmal sogar zehn Meter in Richtung Bodden verlagert.

Seiner Schönheit kann dieser Landschwund (noch) nichts anhaben. Im Gegenteil: Eine Wanderung entlang der Steilküste bietet atemberaubende Ausblicke auf die Küste, das Meer und die nahezu senkrechten Abbruchzonen.

In gut einer Stunde kann man das Hohe Ufer auf der rund vier Kilometer langen Strecke zwischen Ahrenshoop und Wustrow erkunden. Vorbei an Sanddorn- und Kartoffelrosensträuchern geht es teils direkt an der Steilküste entlang, teilweise durch den Wald. Am höchsten Punkt, dem Bakelberg, der sich eher als Anhöhe denn als Berg präsentiert, kann man einen herrlichen Rundumblick genießen. Aufgrund der schönen Aussicht auf fast der gesamten Strecke – auch im bewaldeten Abschnitt kann man immer wieder zum Rand der Steilküste gehen – lohnt es sich, etwas mehr Zeit für die Tour einzuplanen.

Bei besonders klarem Wetter kann man in der Ferne sogar die dänische Küste ausmachen. Aber auch bei weniger guter Sicht lohnt es sich, eine Pause einzulegen und die zahlreichen Vögel, die im Kliff ihre Nistplätze haben, zu beobachten.

Adresse 18347 Ostseebad Ahrenshoop | **Anfahrt** A 20 bis Kreuz Rostock, A 19 Richtung Rostock, Ausfahrt Rostock-Ost, B 105 Richtung Ribnitz-Damgarten, links Richtung Dierhagen, in Wustrow oder Ahrenshoop in Strandnähe parken und zu Fuß zum Hohen Ufer, einfache Strecke circa 1 Stunde, Rückweg mit dem Bus möglich | **Tipp** In Ahrenshoop lohnt sich ein Abstecher in die »Bunte Stube«, die sich in der Dorfstraße, Ecke Strandweg befindet. Aus einem kunterbunten Laden (1922 eröffnet) hat sich ein kultureller Treffpunkt entwickelt.

19 Das Künstlerhaus Lukas

Hier entsteht die Kunst der Zukunft

Oftmals sind es kleine, beschauliche Orte, in die sich Künstler vor 100 bis 200 Jahren zurückzogen und sogenannte Künstlerkolonien gründeten. Das besondere Licht, die Weite der Landschaft oder auch einfach nur die Ruhe inspirierten sie in besonderem Maße. So war es auch in Ahrenshoop. Hier siedelten sich die ersten Maler Ende des 19. Jahrhunderts an. Später kamen auch Vertreter anderer Kunstformen wie Bildhauer und Schriftsteller hinzu.

Ahrenshoop etablierte sich schnell als Künstlerdorf, und der ehemalige Seefahrerort auf dem schmalen Landstreifen zwischen Ostsee und Barther Bodden entwickelte sich zum Seebad. Noch heute befinden sich in dem 700-Seelen-Örtchen einige attraktive Galerien und Ausstellungshäuser. Allen voran der bekannte Kunstkaten, der bereits 1909 eröffnet wurde und eine der ältesten Galerien Norddeutschlands ist.

Ein besonderer Ort in Ahrenshoop ist das Künstlerhaus Lukas, denn hier wird Kunst nicht nur gezeigt, sondern geschaffen. Es wurde 1894 vom Begründer der Künstlerkolonie, dem Maler Paul Müller-Kaempff, errichtet. Hier konnten seine Malschülerinnen wohnen und arbeiten. Schüler*innen* deshalb, da Frauen damals das Studium an den Kunstakademien nicht möglich war. Das Gebäude diente nach dem Zweiten Weltkrieg dem Ministerium für Kultur der DDR als Erholungsheim für Kulturschaffende. Ab 1994 nutzten Stipendiaten aus ganz Deutschland das Haus als Arbeitsstätte.

2006 wurden Konzept und Räumlichkeiten erweitert, sodass sich hier seither professionelle Künstler aus ganz Nordeuropa – meist über ein Aufenthaltsstipendium – einfinden und arbeiten können. Die Bandbreite umfasst die bildenden Künste, Literatur, Tanz und Komposition. Und einmal im Monat, immer am letzten Sonntag, finden sich auch ganz »normale« Kunstinteressierte ein: zum Tag der offenen Tür. Denn dann können sie aktuelle Kunst am Ort ihrer Entstehung erleben.

Adresse Dorfstraße 35, 18347 Ostseebad Ahrenshoop, www.kuenstlerhaus-lukas.de | **Anfahrt** A 20 bis Kreuz Rostock, A 19 Richtung Rostock, Ausfahrt Rostock-Ost, B 105 Richtung Ribnitz-Damgarten, links Richtung Dierhagen, Straße bis Ahrenshoop folgen | **Öffnungszeiten** unregelmäßig, siehe Website | **Tipp** Brandneues Highlight im Ahrenshooper Kunstbetrieb ist das 2013 eröffnete Kunstmuseum im Weg zum Hohen Ufer. Es zeigt mehr als 500 Exponate von Künstlern, die in der Region gewirkt haben.

20 Die Schifferkirche

Bauprojekt mit Hindernissen

Als sie 1951 eingeweiht wurde, war es fast ein kleines Wunder. Denn schließlich war der Bau einer Kirche in der DDR kein leichtes Unterfangen. Die atheistische Ausrichtung der Staatsideologie und die Repressionen gegen religiöse Institutionen waren gerade in der Zeit vor dem Mauerbau besonders stark. Dies bekam die Ahrenshooper Kirchengemeinde zu spüren, nachdem sie einen Architekturstudenten mit dem Bau der jüngsten Kirche auf Fischland-Darß-Zingst beauftragt und die Baugenehmigung dafür erhalten hatte. So musste sie zweimal den Bauplatz für das Gotteshaus ändern, die Lieferung des Baueisens aus West-Berlin wurde behindert, und die gesamte Gemeinde Ahrenshoop wurde plötzlich unter Denkmalschutz gestellt, wodurch ein neuer Bauantrag erforderlich war. Überhaupt wurde mehrfach aus unterschiedlichsten Gründen ein Baustopp erwirkt. Aber allen Widrigkeiten zum Trotz konnte der erste Gottesdienst nach nur einem Jahr Bauzeit stattfinden.

Der Architekt hatte bei seinem Entwurf auf Einfachheit und Sparsamkeit geachtet, schließlich hatte die Gemeinde keine finanzielle Unterstützung durch den Staat zu erwarten. Sie trug das benötigte Bauholz aus den umliegenden Gemeinden zusammen, erhielt eine Eisen-Spende vom Evangelischen Hilfswerk in West-Berlin und erntete das Schilfrohr für das Reetdach direkt am Bodden. Auch im Inneren kommt die Kirche, ganz in Holz gehalten, ohne Schnickschnack und Pomp aus. Die klaren, einfachen Strukturen waren aber nicht nur der gebotenen Sparsamkeit geschuldet, sondern entsprachen auch dem Zeitgeist der Moderne.

Und so ist das schlichte Gotteshaus noch heute ein echter Hingucker, wenn es auch zur Jahrtausendwende etwas ramponiert war. Ein Förderverein kümmert sich seither um die Sanierung und Instandsetzung – und um die Neuerrichtung eines Glockenturms, der nun aus denkmalpflegerischen Gründen nicht auf, sondern neben der Kirche steht.

Adresse Paetowweg, 18347 Ostseebad Ahrenshoop, www.schifferkirche-ahrenshoop.de | **Anfahrt** A 20 bis Kreuz Rostock, A 19 Richtung Rostock, Ausfahrt Rostock-Ost, B 105 Richtung Ribnitz-Damgarten, links Richtung Dierhagen, Straße bis Ahrenshoop folgen, rechts in Paetowweg | **Öffnungszeiten** Juni–Sept. Di–So 10–16 Uhr, Okt.–Mai Do–So 10–16 Uhr | **Tipp** In Ahrenshoop gibt es nicht nur Sehens-, sondern auch Hörenswertes: Die Klanggalerie »Das Ohr«, Hans-Brass-Weg, bietet besondere Hörstationen und audiovisuelle Bereiche.

21 Die Zeesboote

Braune Segel in der Boddenlandschaft

Schon von Weitem erkennt man sie an ihren charakteristischen braunen Segeln. Die Rede ist von den Zeesenbooten, die regional auch Zeesboote oder Zeeskähne genannt werden und die fast ausschließlich auf mecklenburgischen und pommerschen Haff- und Boddengewässern zu finden sind. Mit ihrem breiten Rumpf sind sie besonders für die Fahrt in ruhigeren, flachen Binnengewässern geeignet und daher selten auf der Ostsee anzutreffen. Die rund zehn Meter langen Boote wurden seit dem 15. Jahrhundert zum Fischfang genutzt. Damals waren die meisten Exemplare allerdings doppelt so lang. Heute sind es Liebhaber und Nostalgiker, die sich in ihrer Freizeit den Holzbooten widmen.

Der traditionellen Fangtechnik folgend warfen die Fischer ihre sackförmigen Schleppnetze – die namensgebenden Zeesen – aus und zogen sie zum Fischfang über den Grund. Auf den Halbinseln Fischland und Darß sowie den Dörfern der Barther Boddenkette gab es in den 1950er und 60er Jahren sogar noch einmal eine Renaissance der Zeesenfischerei, die sich dadurch von anderen Techniken abgrenzt, dass die Boote quer vor dem Wind hersegeln beziehungsweise zeesen. Bis in die 80er Jahre starb das Gewerbe dann endgültig aus.

Doch nahezu zeitgleich kam die verstärkte Nutzung der Traditionssegler als Freizeitboote auf. Die Fischländer Gemeinde Wustrow war Vorreiter und veranstaltete 1985 die erste Zeesbootregatta, die seitdem jedes Jahr am ersten Samstag im Juli stattfindet. Mittlerweile gibt es auf der gesamten Halbinselkette eine ganze Reihe solcher Wettkämpfe, die jeden Sommer viele Besucher anlocken. Schließlich ist es immer ein ganz besonderes Schauspiel, wenn eine ganze Flotte braun besegelter und liebevoll restaurierter Holzboote aus dem Hafen ausläuft. Im restlichen Sommerhalbjahr liegt das Zeesboot »Butt« im Wustrower Hafen und nimmt Touristen zu einem Törn auf den Saaler Bodden mit.

Adresse Hafenstraße, 18347 Ostseebad Wustrow, www.zeesboot.de | **Anfahrt** A 20 bis Kreuz Rostock, A 19 Richtung Rostock, Ausfahrt Rostock-Ost, B 105 Richtung Ribnitz-Damgarten, links Richtung Dierhagen, Straße bis Wustrow folgen, rechts in Hafenstraße | **Tipp** Das Fischlandhaus in Wustrow (Neue Straße) ist ein denkmalgeschütztes Hochdielenhaus, welches typisch für die Region ist. Hier befinden sich eine kleine Bibliothek, eine Galerie und ein Veranstaltungsraum, in dem Lesungen und Konzerte stattfinden.

22 Der Rhododendronpark

Im Frühsommer ein Farbenmeer

1986 wurde er zum Denkmal erklärt – und das, obwohl er zum damaligen Zeitpunkt gerade einmal rund 30 Jahre alt war. Der Rhododendronpark ist eine relativ junge Parkanlage in Mecklenburg-Vorpommern und gleichzeitig eine der schönsten und außergewöhnlichsten, die das Land zu bieten hat. Auf 4,5 Hektar vereint er rund 2.500 Rhododendren- und Azaleen-Sträucher. Im Mai und Juni tauchen sie die Grünflächen, die in den 1950er Jahren als Kurpark für das Ostseeheilbad Graal-Müritz angelegt wurden, in ein prächtiges Farbenmeer. Die Idee, den Park vorwiegend mit den aus Nordamerika und Eurasien stammenden Staudengewächsen zu bepflanzen, entwickelte der Rostocker Gartenarchitekt Friedrich-Karl Evert. Er hatte von der Gemeindevertretung den Auftrag erhalten, einen Waldpark zu schaffen, der mit blühenden Sträuchern unterpflanzt war. Dieser sollte der Erholung der Kurgäste und zugleich dem Küstenschutz dienen. Schließlich liegt der Park nur wenige Schritte vom Ostseestrand entfernt.

Wie gut, dass die gewählten Rhododendrensorten – es blühen ungefähr 60 verschiedene Hybride im Park, also Arten, die durch Kreuzungen entstanden sind – es schattig mögen und sich daher mit den Baumanpflanzungen vertragen. Außerdem gedeihen Rhododendren gut auf lockeren, sandigen Böden. Perfekt also für die Lage in Küstenbereichen und erst recht für den Graal-Müritzer Kurpark. Denn hier, wo man nun im Frühsommer die farbenfrohe und üppige Blütenpracht genießen kann, war vorher nur eine Sandkuhle zu finden.

Zum 50-jährigen Jubiläum bekam der Park eine Frischzellenkur verpasst. Die Gehölze waren zu groß und zu dicht gewachsen. So mussten einige alte Sträucher Platz machen für jüngere Pflanzen. Und als zusätzliches Schmankerl wurde ein Veranstaltungspavillon gebaut, in dem man bei herrlichem Blick in den Park Konzerte, Lesungen und Ausstellungen besuchen kann.

Adresse Kurstraße, 18181 Ostseeheilbad Graal-Müritz | Anfahrt A 20 bis Kreuz Rostock, A 19 Richtung Rostock, Ausfahrt Rostock-Ost, B 105 Richtung Ribnitz-Damgarten, bei Rövershagen links Richtung Graal-Müritz, im Kreisverkehr rechts ab, links in Kurstraße, leicht rechts in Onkel-Bräsig-Straße, links in Fritz-Reuter-Straße, links in Parkstraße, rechts in Kurstraße | Öffnungszeiten täglich ab 8 Uhr bis zum Einbruch der Dunkelheit | Tipp Südlich von Graal-Müritz befindet sich die Rostocker Heide. Mit ihren 6.000 Hektar ist sie der größte geschlossene Küstenwald in Deutschland.

23 Der Croy-Teppich

Überdimensionales fürstliches Glaubensbekenntnis

Das Pommersche Landesmuseum beeindruckt durch sein besonderes Architekturensemble. Der strahlend weiße, klassizistische Bau der ehemaligen Stadtschule und das rote Backsteingebäude, das 1845 als Alten- und Armenheim errichtete »Graue Kloster«, stehen im Kontrast zur modernen gläsernen Museumsstraße, welche als Verbindungsstück zwischen ihnen errichtet wurde. Im Museumskomplex sind eine landeskundliche Ausstellung, die sich der Historie Pommerns und der Erdgeschichte widmet, sowie eine Gemäldegalerie, die Werke von Caspar David Friedrich und anderen namhaften Künstlern zeigt, untergebracht. Absolutes Highlight der landeskundlichen Ausstellung ist unangefochten der Croy-Teppich.

In einem separaten Raum untergebracht, entfaltet der mehr als vier Meter hohe und fast sieben Meter breite Wandteppich mit den lebensgroß dargestellten Figuren seine prachtvolle Wirkung. Herzog Philipp I. von Pommern-Wolgast ließ die Tapisserie nach einem Entwurf von Lucas Cranach 1554 durch den Niederländer Peter Heymans in Stettin weben. Der Teppich zeigt die Vermählung Philipps I. mit seiner Frau Maria von Sachsen. Um sie herum stehen die Familienangehörigen sowie Philipp Melanchthon und Johannes Bugenhagen. In einer Kanzel oberhalb der Gruppe ist der predigende Martin Luther dargestellt. Der pommersche Herzog und die Tochter des sächsischen Kurfürsten ließen ihre Trauung, die bereits 1536 stattfand, von den drei Reformatoren begleiten, um die Verbundenheit der beiden Fürstenhäuser mit dem protestantischen Glauben zu bekräftigen.

Den Beinamen Croy erhielt der Teppich erst 1648, als Ernst Bogislaw von Croy, der Neffe und Erbe des letzten Pommernherzogs, ihn der Universität Greifswald vermachte. Er knüpfte an die Schenkung die Auflage, dass der Teppich alle zehn Jahre zum Todestag seiner Mutter Anna, der Schwester des Herzogs, auszustellen sei. Mittlerweile kann er sogar beinahe täglich bewundert werden.

Adresse Rakower Straße 9, 17489 Greifswald (Innenstadt), www.pommersches-landesmuseum.de | **Anfahrt** A 20, Ausfahrt Greifswald, Richtung Greifswald, weiter auf Grimmer Landstraße, rechts auf Osnabrücker Straße, im Kreisverkehr 2. Ausfahrt auf Bahnhofstraße, links auf Fleischerstraße, rechts auf Wallstraße, weiter auf Rakower Straße | **Öffnungszeiten** Di – So, Mai – Okt. 10 – 18 Uhr, Nov. – April 10 – 17 Uhr | **Tipp** In direkter Nachbarschaft zum Landesmuseum befindet sich der historische Marktplatz mit seinen schönen Bürger-, Giebel- und Speicherhäusern. Besonders wenn Markttag ist, lohnt sich ein Besuch.

24 Die Klosterruine Eldena

Vom Steinbruch zur Sehenswürdigkeit

Wenn man in Vorpommern einen Ort von ganz besonderer Schönheit und Atmosphäre findet, kann man sich einer Sache sicher sein: *Er* ist auch hier gewesen. Und er hat hier gemalt.

Die Rede ist natürlich von Caspar David Friedrich, dem bedeutendsten deutschen Früh-Romantiker. So war es auch beim 1199 gegründeten ehemaligen Zisterzienserkloster Eldena. Anfang des 19. Jahrhunderts verewigte er die Ruine gleich in mehreren Gemälden. In dem Werk »Ruine Eldena im Riesengebirge« wird auch seine Kompositionsfreudigkeit verschiedener Landschaften deutlich. Schließlich liegt Greifswald nicht im polnisch-tschechischen Grenzgebiet.

Die Bilder Friedrichs lenkten die öffentliche Aufmerksamkeit in positivem Sinne auf die Ruine. Im 17. und 18. Jahrhundert diente sie der Stadt Greifswald und der dortigen Universität noch als Steinbruch, um Baumaterial zu gewinnen. Das Kloster und die zugehörigen Güter waren im Dreißigjährigen Krieg durch Schenkung in den Besitz der Universität übergegangen. Ab 1828 wandelte sich der Blick auf Eldena. Die Universität führte Ausgrabungen durch und ließ vom preußischen Landschaftsarchitekten Linné einen Park anlegen. 100 Jahre später wurden die Grundrisse der Klosteranlage rekonstruiert. In den 1960er Jahren wurden Sanierungsarbeiten durchgeführt und die Freilichtbühne angelegt. Und 30 Jahre später wurde die Anlage zur Kulturstätte in der Euregion Pomerania, die die deutsch-polnisch-schwedische Grenzregion umfasst, erhoben.

Welch ein Glück also, dass der gute alte Caspar David die Schönheit dieses Ortes auch schon vor den aufwendigen Sanierungen erkannt hat. Denn sonst wäre den Radwanderern am Ostseeküstenradweg ein traumhaftes Fotomotiv entgangen. Echte Kenner besuchen Kloster Eldena im Winter. Von Schnee bedeckt kann man das Gemäuer dann so sehen, wie es in einem Gemälde von Friedrich dargestellt wurde, das 1931 bei einem Brand zerstört wurde.

Adresse An der Klosterruine, 17493 Greifswald (Eldena) | **Anfahrt** A 20, Ausfahrt Greifswald, Richtung Greifswald, rechts auf B 109, Richtung Anklam, links auf Anklamer Landstraße, rechts auf Koitenhäger Landstraße, rechts auf Wolgaster Straße, links auf Boddenweg, links auf An der Klosterruine | **Tipp** In Eldena befindet sich auch eine Bockwindmühle, die zum ehemaligen Gut des Klosters gehörte und eine der ältesten an der Ostseeküste ist. Sie ist eine Rekonstruktion der Originalmühle, die in den 1970er Jahren zusammenbrach.

25 Die Turmspitze des Doms

Barocke Zwiebel trifft gotischen Backstein

Der Dom St. Nikolai ist das markante Wahrzeichen der Hansestadt Greifswald und wurde im 13. und 14. Jahrhundert im Stile der norddeutschen Backsteingotik errichtet. Aber auf der Spitze des Kirchengebäudes thront ein Turmhelm, der mit seiner Zwiebelform eher an barocke Kirchen in Bayern erinnert. Dies liegt daran, dass er erst Mitte des 17. Jahrhunderts auf den Turm gesetzt wurde. Die Form der Turmspitze wurde aus praktischen Gründen gewählt, aber dazu später mehr.

Bevor der Turm der Nikolaikirche sein heutiges Aussehen erhielt, hatte er – wie zu seiner Zeit in dieser Region üblich – eine steile gotische Spitze. Diese fiel jedoch zweimal schweren Stürmen zum Opfer. Beim zweiten Mal, im Jahr 1650, richtete der Absturz weitreichende Schäden an den Kirchenschiffen an und brachte auch noch die östliche Giebelwand zum Einsturz. Reparaturen und Wiederaufbau konnten schnell durchgeführt werden, dank Spenden der Einwohner, Nachbarstädte und sogar der schwedischen Königin Christine, die große Mengen Bauholz stiftete, die für das Dach und den neuen Turmhelm verwendet wurden. Bei der Zwiebelform orientierte man sich nicht an bayrischen, sondern an niederländischen Vorbildern. Durch die Wölbungen, die durch offene Laternen unterbrochen werden, sind diese Turmspitzen wesentlich windschnittiger und somit auch stabiler. Und das wäre dann schon der erwähnte praktische Grund, den die Architekten beim Wiederaufbau bedachten. Schließlich hatte sich die alte Form als nicht sehr sturmresistent erwiesen. Die Entscheidung für die Zwiebelhaube war offenbar die richtige: Seit ihrem Bau im Jahr 1652 gab es keinen Absturz mehr.

So kam der Dom zu seinem 100 Meter hohen Zwiebelturm, den man unbedingt gesehen haben muss. Denn wenn man die 264 Stufen zu seiner Aussichtsplattform in 60 Metern Höhe erklimmt, hat man die schönste Aussicht auf Greifswald.

Adresse Domstraße 54, 17489 Greifswald (Innenstadt), www.dom-greifswald.de | **Anfahrt** A 20, Ausfahrt Greifswald, Richtung Greifswald, weiter auf Osnabrücker Straße, im Kreisverkehr 2. Ausfahrt auf Bahnhofstraße, links auf Rubenowstraße, rechts auf Domstraße | **Tipp** Ganz anders sieht der Turm der St. Marien-Kirche in der Brüggstraße aus, die auch »Dicke Marie« genannt wird. Seine Form trägt zum gedrungenen und massiven Erscheinungsbild der Kirche bei.

26 Die Universität

Traditionsreiche Lehranstalt – sichtbare Historie

Greifswald – das ist eine Stadt mit 55.000 Einwohnern im äußersten Nordosten der Republik, in der sich jedes Semester rund 12.000 junge Menschen einfinden. Sie genießen ihre Ausbildung an einer modernen Universität, die viele Studenten mit ihrer guten Betreuung überzeugt. Gleichzeitig dürfen sie an einer der traditionsreichsten und ältesten akademischen Bildungsstätten in Mittel- und Nordeuropa studieren. Bereits 1456 gegründet, erlebte sie kurz vor dem Dreißigjährigen Krieg ihre Blütezeit mit mehr als 300 Studenten.

Doch auch für Nicht-Immatrikulierte lohnt sich ein Besuch der Greifswalder Universität aufgrund der erhaltenen historischen Bausubstanz und ihrer zahlreichen Kunstschätze. Das Herzstück ist die ehemalige Saalbibliothek im spätbarocken Hauptgebäude. Sie dient der Universität seit 1882 als Aula. In dem aufwendig restaurierten Saal mit den roten Wänden und den Marmorsäulen ist ein Teil der Professorenporträts aus fünf Jahrhunderten zu sehen, die im Besitz der Hochschule sind.

In direkter Nachbarschaft steht das Auditorium Maximum, das ebenfalls durch sein detailgetreu saniertes Foyer und Treppenhaus beeindruckt. Die hier befindlichen drei historischen Hörsäle zählen zu den ältesten erhaltenen der Universität und machen mit ihrer originalen Bestuhlung die Vorlesungen zu einem besonderen Erlebnis.

Die Studenten, die sich der täglichen Führung durch das Audimax anschließen, können im Obergeschoss sehen, was ihnen heute in den altehrwürdigen Mauern glücklicherweise erspart bleibt: Hier befinden sich noch zwei Studentenkarzer, in denen bis zum Anfang des 20. Jahrhunderts Delinquenten ihren Arrest absaßen. Ihre Langeweile vertrieben sie sich mit der Bemalung der Karzerwände. Die Wandmalereien blieben erhalten und stellen heute ein Highlight der Führungen durch die Universität dar.

Adresse Domstraße 11, 17489 Greifswald (Innenstadt), www.uni-greifswald.de | Anfahrt A 20, Ausfahrt Greifswald, Richtung Greifswald, weiter auf Grimmer Landstraße, rechts auf Osnabrücker Straße, im Kreisverkehr 2. Ausfahrt auf Bahnhofstraße, links auf Rubenowstraße, links an der Ecke zur Domstraße liegt der historische Campus | Öffnungszeiten nur nach Anmeldung, Termine für Führungen auf der Website oder unter Tel. 03834/4203060 | Tipp Direkt ans Gelände der Universität grenzen die historischen Wallanlagen, entlang derer man einen erholsamen Spaziergang im Grünen unternehmen kann.

27 Die Wiecker Zugbrücke

Gut geschützte Brückenreplik

Es ist ein ganz besonderer Anblick, wenn mehrere Dutzend Segelyachten und Motorsportboote, in der Morgensonne glänzend, auf dem Fluss Ryck liegen. Sie alle warten darauf, dass der Brückenmeister Hand an die Drehkurbel legt und die historische Holzklappbrücke für die Schiffspassage öffnet.

55 Meter lang ist die Zugbrücke, die 1887 erbaut wurde und seitdem die Orte Wieck und Eldena verbindet, welche heute zur Hansestadt Greifswald gehören. Noch immer ist reine Muskelkraft gefragt, wenn die nach holländischem Vorbild konstruierte Brücke für die Schiffe geöffnet werden soll, die vom Greifswalder Bodden rund fünf Kilometer flussaufwärts bis in die Innenstadt oder zurück fahren möchten.

Es gibt nur noch wenige so gut erhaltene und funktionsfähige Holzklappbrücken dieser Art, obwohl diese Bauweise einst an vielen Flussquerungen in der Region zu finden war. Vielleicht deshalb, aber sicher auch wegen ihrer eindrucksvollen Optik ist die Wiecker Brücke ein Wahrzeichen von Greifswald. Aber unter Denkmalschutz steht sie trotzdem nicht. Denn sie ist nicht ganz so alt, wie es scheint. Da das Holz mit der Zeit marode wurde, musste 1994 die gesamte Konstruktion ausgetauscht werden – natürlich originalgetreu. Und deshalb steht das gute Stück weiterhin hauptsächlich dem Fußgänger- und Fahrradverkehr offen. Autos dürfen nur mit einer Sondergenehmigung für Anwohner passieren. Alle anderen müssen bis in die Greifswalder Innenstadt fahren, um auf die andere Seite des Flusses zu gelangen. Kein Wunder, dass da einige uneinsichtige Fahrer diesen Umweg zu vermeiden versuchen. Und so wird das Brücklein seit 2013 durch einen 120.000 Euro teuren Superpoller geschützt. Denn von seinen einfacher gestrickten Vorgängern wurden bereits ganze acht Stück verschlissen. Von diesen Problemen bekommt man auf dem Wasser nichts mit – die Durchfahrt ist für alle Schiffe frei und kostenlos.

Adresse Fährweg, 17493 Greifswald (Wieck) | **Anfahrt** A 20, Ausfahrt Greifswald, Richtung Greifswald, links auf B 105 Richtung Stralsund, Ausfahrt Richtung Greifswald-Zentrum, links auf Ladebower Chaussee, rechts auf Thomas-Müntzer-Straße, links auf Max-Reimann-Straße, rechts auf Rosenstraße, rechts auf Dorfstraße, weiter bis Fährweg | **Tipp** In Wieck findet jedes Jahr in der dritten Juliwoche das Fischerfest »Gaffelrigg« statt, das viele Besucher anlockt.

28 Die Malzfabrik

Relikt eines Exportschlagers

Rund zwei Meter sind sie groß. Die Buchstaben, die auf dem Verwaltungssitz des Kreises Nordwestmecklenburg prangen. Sie verdeutlichen eindrucksvoll die Vergangenheit des Gebäudekomplexes aus rotem und gelbem Backstein. Dort, wo heute Büros sind, befand sich einst einer der größten Industriebetriebe Mecklenburgs: die Malzfabrik Grevesmühlen. Vier Geschäftsleute aus Rostock entschieden sich 1893, die hier ansässige und insolvent gegangene Brauerei zu kaufen und eine Malzfabrik zu gründen.

Das Städtchen Grevesmühlen schien der ideale Standort für das Vorhaben: Auf den Feldern in der Umgebung konnte Braugerste angebaut und aus dem benachbarten Vielbecker See Wasser gezapft werden. Und durch die Eisenbahnanbindung sowie die hier verlaufende Handelsstraße waren gute Transportbedingungen für das produzierte Malz gegeben. So entwickelte sich das Geschäft schnell, und die Malzfabrik stieß nach knapp zehn Jahren bereits bis zu 4.000 Tonnen im Jahr aus. Damit belieferte sie nicht nur Brauereien in Norddeutschland, sondern sogar Betriebe in Portugal und der ehemaligen Kolonie Deutsch-Ostafrika.

Dieser rasche Erfolg ist noch heute an der Architektur des Gebäudekomplexes ablesbar: Der mittig liegende Gebäudeabschnitt aus gelben und roten Ziegeln musste kurzerhand in zwei weiteren Bauabschnitten erweitert werden. Dem rasanten Aufstieg folgte schon bald die erste Krise, doch die Malzfabrik hielt sich wacker. Bis zur Wende. Dann musste die Produktion aufgrund mangelnder Nachfrage eingestellt werden, und zurück blieb eines der größten Industriedenkmale Mecklenburg-Vorpommerns.

Von außen denkmalgeschützt, vollbrachten die Architekten beim Umbau zum Verwaltungssitz im Innern eine Meisterleistung. Heute sind die riesigen Hallen klar strukturiert und lichtdurchflutet. Es lohnt sich also auch als Nicht-Nordwestmecklenburger, der Kreisverwaltung einen Besuch abzustatten.

Adresse Börzower Weg 3, 23936 Grevesmühlen | **Anfahrt** A 20, Ausfahrt Grevesmühlen, Richtung Grevesmühlen, links auf B 105, links auf Lübecker Straße, rechts auf Börzower Weg | **Öffnungszeiten** Mo, Mi 8–17 Uhr, Di, Do 8–18 Uhr, Fr 8–14 Uhr | **Tipp** Am südlichen Ortseingang, in der Schweriner Landstraße 15, befindet sich das Piraten Open Air. Die Freilichtbühne besitzt sogar eine Wasserfläche, auf der die Piraten tatsächlich in See stechen können.

29 Das Gerhart-Hauptmann-Haus

Sommerhaus eines Nobelpreisträgers

Bildhauerei, Philosophie, Zeichnen, Geschichte – Gerhart Hauptmann hatte viele Interessen und Talente, denen er sich während seiner Studienjahre widmete. Eine Liebe jedoch, die sich bereits in der Schulzeit entwickelte, blieb als Konstante bestehen: das Theater. Ihm hielt Hauptmann zeitlebens die Treue. Schon 1882, im Alter von 20 Jahren, schrieb er ein kurzes Festspiel für die Hochzeit seines Bruders. 1885 begann er ernsthaft als Schriftsteller tätig zu werden – und blieb dabei. Hauptmann hatte seine Berufung gefunden; 1912 wurde ihm der Nobelpreis für Literatur verliehen.

Ebenfalls in den 1880er Jahren entdeckte Gerhart Hauptmann Hiddensee – seine zweite Liebe, der er sein Leben lang treu blieb. Er besuchte die Insel erstmals 1885. Ab 1926 kam er regelmäßig als Gast ins Haus »Seedorn« in Kloster. 1930 kaufte er das Haus und verbrachte hier jeden Sommer bis 1943, drei Jahre bevor er starb. Einige Werke Hauptmanns entstanden in dem großzügigen Arbeitszimmer, das er in einem Anbau errichten ließ. In »Gabriel Schillings Flucht« setzte er Hiddensee ein schriftstellerisches Denkmal.

Seit Hauptmanns 10. Todestag im Jahr 1956 ist das Haus »Seedorn« zur Ausstellungs- und Gedenkstätte geworden. Seine Wohn- und Arbeitsräume sind noch immer nahezu unverändert. Der Schreibtisch, an dem viele Werke entstanden, genauso wie das Abendzimmer, in dem Hauptmann seine prominenten Gäste empfing. Denn Hiddensee zog zur damaligen Zeit viele namhafte Künstler und Kulturschaffende an. Die Originalräume, in denen der Besucher entdecken kann, wie der Dichter gelebt und gearbeitet hat, werden seit 2012 durch einen gläsernen Ausstellungspavillon ergänzt. Hier werden die Literaturlandschaft Hiddensees sowie die Bindung des Literaten zur Insel beleuchtet. Außerdem finden Lesungen, Konzerte und Themenführungen statt.

Adresse Kirchweg 13, 18565 Insel Hiddensee (Kloster), www.hauptmannhaus.de | Anfahrt A 20, Ausfahrt Stralsund, B 96 Richtung Stralsund bis Rügen, in Samtens links auf Gingster Straße, in Gingst rechts halten, links nach Trent und weiter bis Schaprode, Fähre nach Hiddensee-Vitte, vom Fähranleger auf Achtern Diek, rechts auf Wiesenweg, rechts halten auf Norderende, weiter auf Kirchweg | Öffnungszeiten Mai–Okt. Mo–Sa 10–17 Uhr, So 13–17 Uhr, Öffnungszeiten in der Nebensaison auf der Website | Tipp In den 1920er Jahren fühlten sich auch viele Künstlerinnen von der Insel angezogen. Sie stellten regelmäßig in der »Blauen Scheune« im Norderende in Vitte aus, die der Malerin Henni Lehmann gehörte.

30 Der Hiddenseer Goldschmuck

Von der Sturmflut freigelegt

In der Regel bringt eine Sturmflut Zerstörung, Landabtragungen und Überflutungen mit sich. Kurzum: Man erwartet von ihr nur Schlechtes. Aber manchmal sorgt sie auch für positive Überraschungen. Wie zum Beispiel im Jahr 1872. Damals gab es durch das bisher stärkste Sturmhochwasser an der gesamten Ostseeküste von Dänemark bis Pommern schwere Überschwemmungen in den Küstenorten. Nachdem sich das Wasser zurückgezogen hatte und die ersten Schäden behoben waren, tauchte er plötzlich auf. Ein echter Schatz am Strand von Hiddensee! Ob ihn das Wasser aus den Tiefen des Meeres mitgebracht hatte oder ob er hier schon vorher gelegen und ihn die massive Flutwelle nur freigelegt hat, ist unklar. Völlig klar ist hingegen, dass ihn das Meer für sehr lange Zeit verschluckt hatte. Bei den angespülten Goldstücken, von denen auch noch in den darauffolgenden zwei Jahren immer wieder Teile gefunden wurden, handelte es sich nämlich um Wikingerschmuck.

Wahrscheinlich in der zweiten Hälfte des 10. Jahrhunderts gefertigt, gilt der Fund als herausragendes Beispiel ihrer Goldschmiedekunst. Er besteht aus 16 Teilen, die insgesamt mehr als ein halbes Kilo wiegen. Zusammen ergeben sie einen wertvollen Halsschmuck, der vermutlich einer reichen Wikingerfrau gehörte. Heute ist er aufgrund seiner archäologischen Bedeutung unbezahlbar und liegt daher gut verschlossen und gesichert im Kulturhistorischen Museum von Stralsund. Nur zu ganz besonderen Anlässen wird er hervorgeholt. Für den »täglichen Gebrauch« hängt im Museum eine Kopie. Eine weitere Replik befindet sich im Hiddenseer Heimatmuseum, das in der ehemaligen Seenotrettungsstation in Kloster untergebracht ist. In dem historischen Haus wird neben der Kopie des Goldschmucks ein interessanter Überblick über die Geschichte Hiddensees und das Leben auf der Insel präsentiert.

Adresse Kirchweg 1, 18565 Hiddensee (Kloster), www.heimatmuseum-hiddensee.de | **Anfahrt** A 20, Ausfahrt Stralsund, B 96 Richtung Stralsund bis Rügen, in Samtens links auf Gingster Straße, in Gingst rechts halten, links nach Trent und weiter bis Schaprode, Fähre nach Hiddensee-Vitte, vom Fähranleger auf Achtern Diek, rechts auf Wiesenweg, rechts halten auf Norderende, weiter auf Kirchweg | **Öffnungszeiten** Jan. – März Do – Sa 11 – 15 Uhr, April – Okt. täglich 10 – 16 Uhr, Nov. – Dez. Do – Sa 11 – 15 Uhr | **Tipp** Führungen zu diesem und weiteren Schätzen bietet die Inselchronistin Marion Magas an. Informationen unter www.hiddenseekultur.de.

31 Der Inselfriedhof

… erzählt die Geschichte der Insel auf seine Weise

Friedhöfe, eigentlich Orte des Todes, erzählen uns meist sehr viel über das Leben in dem Ort, in dem sie liegen. So ist es auch in Kloster auf Hiddensee. Der Inselfriedhof ist gemeinsam mit der zugehörigen Inselkirche das letzte Zeugnis des einstigen Zisterzienserklosters, das dem Ort seinen Namen gab.

Die Abtei bestand vom 13. bis zum 16. Jahrhundert, und auf dem Friedhof finden sich noch Epitaphen der Klosterbrüder und Äbte. Außerdem zeugen die Grabstätten des Schriftstellers Gerhart Hauptmann, des Opernregisseurs Walter Felsenstein und die von weiteren bekannten Persönlichkeiten davon, wie beliebt Hiddensee seinerzeit in Künstlerkreisen war.

Aber nicht nur über die religiöse und prominente Vergangenheit der Insel erfährt man einiges, sondern auch über das Leben der ganz einfachen Menschen. Im Eingangsbereich des Friedhofes liegt linker Hand ein Gräberfeld mit historischen Grabmalen. An ihnen kann man ablesen, wie knapp die Mittel für viele Insulaner in früheren Jahrhunderten waren.

Auf schlichteste Weise mussten sie die Grabstätten ihrer Angehörigen gestalten. Ein einfaches Steinkreuz, manchmal sogar nur ein Findling vom Strand, musste genügen. Die Hinterbliebenen ritzten lediglich das Todesjahr und die Hausmarke des Verstorbenen ein. Und das ist auch schon die nächste Geschichte, die uns der Inselfriedhof von Hiddensee erzählt:

Seit vielen Jahrhunderten besitzen die Häuser auf Hiddensee eine sogenannte Hausmarke. Sie bestand aus einer Kombination von geraden Strichen, die für jede Marke individuell angeordnet waren. Dieses Zeichen markierte früher neben dem Haus auch den weiteren Besitz seines Inhabers, wie Tiere, Äcker, Boote oder eben auch die Grabstätte. Das Zeichen war nicht einer Person, sondern dem Haus zugeordnet und wurde weitervererbt oder ging beim Verkauf des Hauses an den neuen Besitzer und dessen Familie über.

Adresse Kirchweg, 18565 Hiddensee (Kloster), www.kirche-hiddensee.de/friedhof.htm | **Anfahrt** A 20, Ausfahrt Stralsund, B 96 Richtung Stralsund bis Rügen, in Samtens links auf Gingster Straße, in Gingst rechts halten, links nach Trent und weiter bis Schaprode, Fähre nach Hiddensee-Vitte, vom Fähranleger auf Achtern Diek, rechts auf Wiesenweg, rechts halten auf Norderende, weiter auf Kirchweg | **Öffnungszeiten** ganztägig geöffnet | **Tipp** In Neuendorf, dem südlichsten Ort auf Hiddensee, sind noch viele Hausmarken erhalten geblieben. Man findet sie oft neben den Eingangstüren. Aber wer aufmerksam durch die Orte schlendert, sieht auch in Kloster und Vitte Häuser, die mit den Hausmarken markiert sind.

32 Der Leuchtturm Dornbusch

Steiler Aufstieg, der sich lohnt

Mit seinen 28 Metern ist er kein Riese unter den Leuchttürmen. Aber sein Leuchtfeuer brennt in 95 Metern über dem Meer und ist damit eines der höchsten an der deutschen Ostseeküste. Denn der Turm steht auf dem Dornbusch – sozusagen dem »Bergland« von Hiddensee. Vor mehr als 12.500 Jahren schufen die Gletscher der Weichsel-Eiszeit diese Hochebene, die es mit dem Schluckswieksberg auf bis zu 72 Meter bringt. Ebenfalls kein Riese, aber hoch genug, um die vielen Radfahrer, die hierher kommen, absteigen und das letzte Stück schieben zu lassen. Wer den Aufstieg dann geschafft hat, der wird mit einer grandiosen Aussicht belohnt. Und darf sich ein Päuschen auf dem hölzernen Bett gönnen, das am Ende des steilsten Anstiegs, aus Kloster kommend, auf die Besucher wartet. Wenn denn noch ein Platz frei ist.

Von hier aus geht es durch das Naturschutzgebiet bis zum Leuchtturm weiter. Zwar nicht mehr ganz so steil, aber trotzdem zu Fuß, da das Radfahren hier verboten ist. Und dann nochmals 102 Treppenstufen, um die Aussichtsplattform des Hiddenseer Wahrzeichens in 20 Metern Höhe zu erklimmen. Von hier aus reicht der Blick noch weiter – über die benachbarte Insel Rügen bis nach Stralsund. Letzteres allerdings nur bei ganz klarer Sicht. Schiffe können das Leuchtfeuer aus bis zu 25 Seemeilen Entfernung erkennen. Das ist eine Reichweite von 45 Kilometern.

Bereits seit 1888 weist der Leuchtturm Dornbusch den Seefahrern den sicheren Weg. Ursprünglich als runder Ziegelbau errichtet, wurde er von 1927 bis 1929 mit Stahlbeton ummantelt. Seitdem besitzt er mit der zwölfeckigen, weiß angestrichenen Fassade und der roten Haube eine unverwechselbare Optik. Und die erkennen die meisten Deutschen wieder, auch ohne jemals auf Hiddensee gewesen zu sein. Denn seit 1998 das Wetterstudio Hiddensee gegründet wurde, ist der Leuchtturm zum heimlichen Fernsehstar bei den NDR Wettergesprächen geworden.

Adresse Leuchtturmweg, 18565 Insel Hiddensee (Kloster) | **Anfahrt** A 20, Ausfahrt Stralsund, B 96 Richtung Stralsund bis Rügen, in Samtens links auf Gingster Straße, in Gingst rechts halten, links nach Trent und weiter bis Schaprode, Fähre nach Hiddensee-Vitte, vom Fähranleger auf Achtern Diek, rechts auf Wiesenweg, rechts halten auf Norderende, weiter auf Kirchweg, links auf Leuchtturmweg | **Öffnungszeiten** Mai–Okt. täglich 10.30–16 Uhr | **Tipp** Südlich von Vitte befindet sich mit der Dünenheide ein weiteres Naturschutzgebiet, das einen Besuch wert ist.

33 Die Poeler Festung

... und am Ende wieder Mecklenburg

Mecklenburger Herzöge, Dänen, die kaiserlich-habsburgische Armee, Brandenburger, Hannoveraner, Preußen und nicht zuletzt die Schweden – sie alle haben eines gemein: Sie sind Teil der wechselvollen Geschichte der Insel Poel. Die Herrschaft über die Insel in der Mecklenburger Bucht war seit jeher umkämpft, doch erst 1619 wurde es hier richtig turbulent.

Der mecklenburgische Herzog Johann Albrecht II. hatte fünf Jahre zuvor den Bau eines Schlosses, der dazugehörigen Festung und einer beeindruckenden elf Meter hohen Wallanlage mit Wassergraben in Auftrag gegeben. Innerhalb der Mauern befand sich außerdem die Kirche der Poeler Ortschaft Kirchdorf. Die Anlage war mit etwa 30 Kanonen bestückt, um sie vor möglichen Feinden zu schützen. Schließlich tobte in Europa der Dreißigjährige Krieg. Und so vergingen keine zehn Jahre, ehe es um die Ruhe in der Festung geschehen war. Dänische Truppen nahmen sie kurzzeitig in Besitz, gefolgt von der kaiserlichen Armee unter Führung von Wallenstein. Nach einer kurzen Rückeroberung durch mecklenburgische Herzöge folgte die erste Periode der schwedischen Herrschaft.

Die ständig wechselnden Belagerungszustände gingen nicht spurlos an der Festung, die auch »Schwedenschanze« genannt wurde, vorbei. So wurde sie einige Male überrannt, zerstört und wiederaufgebaut.

Die Schweden verloren nach Ende des Krieges im Jahr 1648 zunehmend das Interesse an Poel. Ihr Blick richtete sich auf Wismar. Für die Poeler Festung bedeutete dies zwar endlich Ruhe und Frieden, aber gleichzeitig auch den Anfang vom Ende – sie verfiel innerhalb weniger Jahre. Im 18. Jahrhundert waren nur noch Ruinen übrig, deren Steine fortan abgetragen und für andere Bauten auf der Insel genutzt wurden. Heute gehört Poel wieder zu Mecklenburg. Die »Schwedenschanze« gibt es nicht mehr, einzig die Kirche existiert noch immer, umgeben von den letzten sichtbaren Resten des Walls.

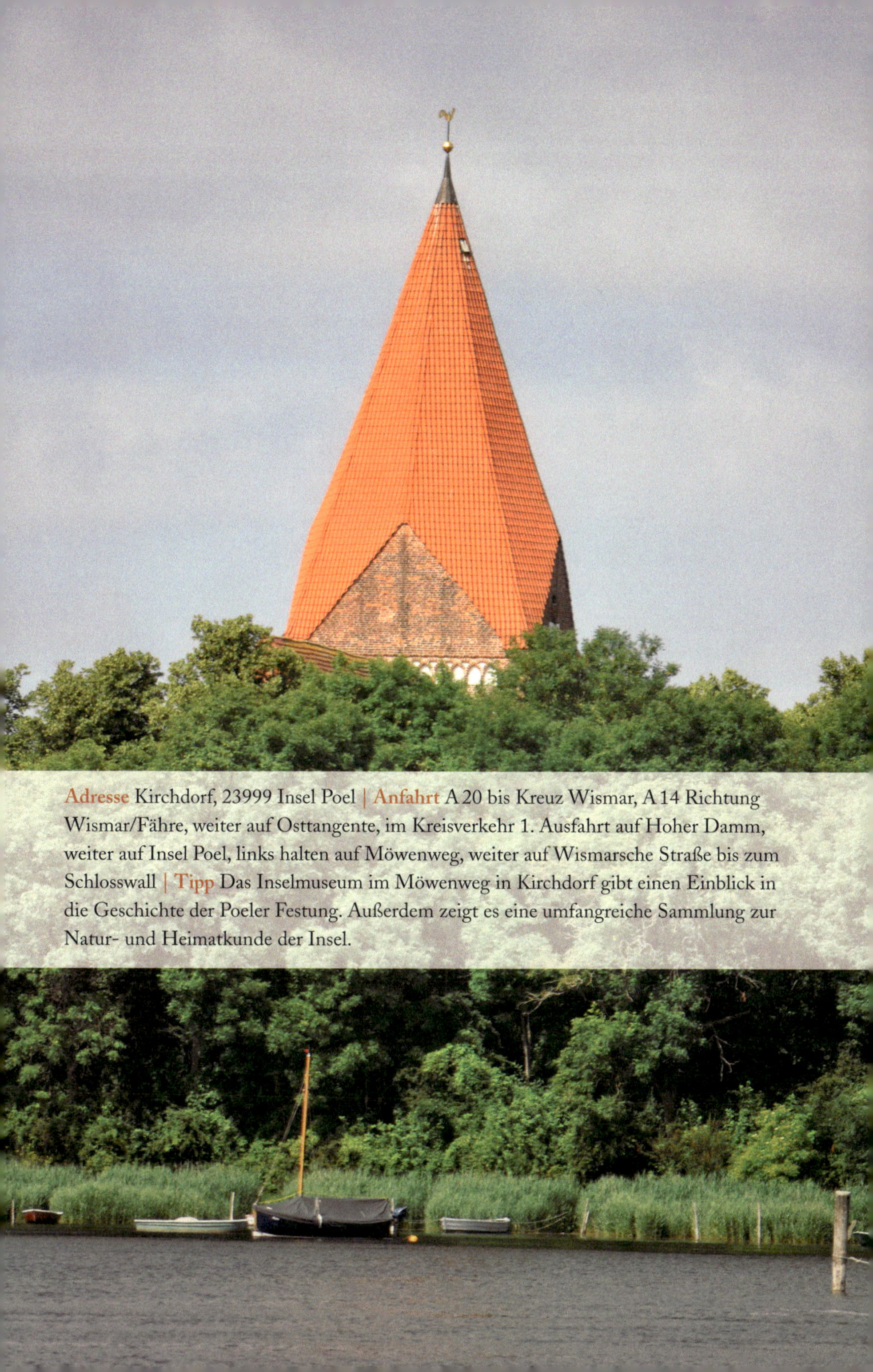

Adresse Kirchdorf, 23999 Insel Poel | **Anfahrt** A 20 bis Kreuz Wismar, A 14 Richtung Wismar/Fähre, weiter auf Osttangente, im Kreisverkehr 1. Ausfahrt auf Hoher Damm, weiter auf Insel Poel, links halten auf Möwenweg, weiter auf Wismarsche Straße bis zum Schlosswall | **Tipp** Das Inselmuseum im Möwenweg in Kirchdorf gibt einen Einblick in die Geschichte der Poeler Festung. Außerdem zeigt es eine umfangreiche Sammlung zur Natur- und Heimatkunde der Insel.

34 Der Timmendorfer Hafen

Vom Fußtritt des Riesen geschaffen

Er ist die Landmarke der Insel Poel und von besonderer Wichtigkeit für die Seefahrt von und nach Wismar: der Leuchtturm von Timmendorf. 1871 erbaut, weist er vorbeifahrenden Schiffen den Weg durch die flache Wismarbucht. Gleichzeitig markiert er den Hafen des Ortes, in dem Wassersportler und Berufsfischer ihre Boote anlegen.

Die Versorgungseinrichtungen, Fischerschuppen und Stege wurden 1995 grundlegend saniert und neu gestaltet. Mit seiner schönen Lage, direkt an den Strand von Timmendorf angrenzend, lässt es sich am Hafen herrlich flanieren. Auf der Wiese vor dem Leuchtturm trifft man dabei auf einen besonderen hölzernen Gesellen. Ein außergewöhnlich kleiner Riese, der ausholt, um einen Stein in Richtung Wasser zu werfen. Die Skulptur ist Teil der Sagenroute, die sich über die gesamte Insel erstreckt. 37 althergebrachte Sagen, die sich um die Insel Poel ranken, hat der Förderverein des Heimatmuseums zusammengetragen. Die Orte, an denen sich eine der Sagen zugetragen haben soll, wurden durch einen Findling markiert. Auf einer Tafel ist die jeweilige Handlung der Geschichte aufgeschrieben, teilweise durch figürliche Darstellungen ergänzt.

Dass der Riese mit dem Stein genau an dieser Stelle zu finden ist, geht auf die sagenhafte Entstehungsgeschichte des Hafens zurück: Als einer der Riesen, die einst die Insel Poel bewohnten, auf dem Festland einen Kirchturm entdeckte, packte ihn die Wut. Schließlich konnten Riesen es nicht ertragen, wenn etwas größer war als sie. Also schnappte er sich einen Findling und warf diesen hinüber, um den Turm zu zerstören. Doch der Wurf war nicht weit genug, der Stein fiel ins Wasser, kurz vor der Steilküste von Redewisch. Dort findet man ihn noch heute. Dies verärgerte den Riesen noch mehr, und er stampfte gehörig mit dem Fuß auf. Die dadurch entstandene Mulde an der Poeler Küste lief sofort mit Wasser voll, und der Hafen von Timmendorf war geboren.

Adresse An Haben, 23999 Insel Poel (Timmendorf) | Anfahrt A 20 bis Kreuz Wismar, A 14 Richtung Wismar/Fähre, weiter auf Osttangente, im Kreisverkehr 1. Ausfahrt auf Hoher Damm, weiter auf Insel Poel, links auf Möwenweg, weiter auf Wismarsche Straße, rechts Richtung Wangern, weiter nach Timmendorf, nach der Ortsdurchfahrt an der Gabelung links halten (Tau'n Lüchttorm), weiter auf An Haben | Tipp Die Insel Poel wird von elf Kilometern Sandstrand umsäumt, sodass jeder das richtige Fleckchen für sich findet. Neben Timmendorf-Strand ist der Strand »Am Schwarzen Busch« besonders beliebt. Hier wurde auf Poel das Baden »erfunden«.

35 Groß Schwansee

Ein Kleinod am Ostseestrand

Das Besondere an der Ostseeküste Mecklenburg-Vorpommerns sind die vielen unberührten Strände, an denen man ohne Promenade, Strandkorbvermieter, Imbissbuden oder gar Durchfahrtsstraße im Rücken die Natur genießen kann. Hier gibt es nur das Meer, den Sand und ein paar Dünen oder Bäume. Einen solchen Strand findet man auch im Kalkhorster Ortsteil Groß Schwansee. Das Dörfchen besteht zum Großteil aus neu gebauten Einfamilienhäusern und dem namensgebenden Schlossgut.

Das eindrucksvolle Herrenhaus wurde 1745 als roter Ziegelbau errichtet und später im Stil des Klassizismus umgebaut und weiß verputzt. Im Giebelfeld über dem Eingangsportal befinden sich die Wappen von drei Adelshäusern. Der Erbauer Freiherr von Booth ließ sein Wappen von dem seiner verstorbenen ersten Frau, einer Gebürtigen von Plessen, sowie dem seiner zweiten Ehefrau, die dem Hause von Dorne entstammte, einrahmen. Mittlerweile befindet sich in dem eindrucksvollen Gebäude und den restaurierten historischen sowie neu erbauten Nebengebäuden eine Hotelanlage. Beim Rundumblick über das Hofgelände, das von Bäumen, Feldern und dem Schlossteich umgeben ist, kann man erahnen, was heute viele Hotelgäste an diesen wunderschönen und ruhigen Ort zieht. Aber erst nachdem man um das Haus herumgegangen ist, weiß man genau, was das wirkliche Highlight des Schlossguts ist. Vom Haus aus kann man einen Blick auf die nur 300 Meter entfernte Ostsee erhaschen. Und diesen Blick hat der Bauherr seinerzeit mit einer malerischen Lindenallee eingerahmt. Schnurgerade führen die beiden Baumreihen zum Naturstrand, der glücklicherweise allen Besuchern offensteht.

Hier ist noch alles wie von der Natur geschaffen. Strand, Steine, Algen, Bäume – und selbstverständlich das Meer. In der Ferne die Seebäder der Lübecker Bucht wirken wie ein Zeichen, dass man jetzt weit weg ist vom Trubel und der Hektik der gut besuchten Badeorte.

Adresse Am Park 1, 23942 Kalkhorst (Groß Schwansee), www.schwansee.de | Anfahrt B 105 Richtung Dassow, in Dassow auf Klützer Straße, Richtung Kalkhorst, in Neuenhagen links auf Am Park, durch Groß Schwansee bis zum Schlossgut | Tipp Ein weiteres eindrucksvolles Herrenhaus befindet sich am südwestlichen Ortsrand von Kalkhorst. Schloss Kalkhorst beeindruckt durch seine neogotische Architektur.

36 Das Literaturhaus Uwe Johnson

Kultur im alten Speicher

Er war einer der bedeutendsten deutschen Schriftsteller des 20. Jahrhunderts. Und er verbrachte seine Jugend in Güstrow, bevor es ihn zum Germanistik-Studium nach Rostock und Leipzig zog. 1959 folgte der Umzug nach West-Berlin, wo seine literarische Karriere begann. Die Rede ist von Uwe Johnson, der ab 1960 Mitglied der Gruppe 47 war, die mit ihren legendären Schriftstellertreffen unter anderem auch Günter Grass zu seinem literarischen Erfolg verholfen hat.

Und ebenjenem Uwe Johnson ist in Klütz seit 2006 ein Literaturhaus gewidmet. Und das, obwohl Johnson weder hier geboren wurde, noch hier gewirkt hat. Es ist nicht einmal sicher bewiesen, dass er jemals in Klütz gewesen ist. Und trotzdem befasst sich die Dauerausstellung in dem ehemaligen Getreidespeicher mit dem Leben und Werk des Schriftstellers. Denn Johnson ist auch während seiner Zeit in Berlin und der Jahre, die er in New York gelebt hat, stets mit seiner mecklenburgischen Heimat verbunden gewesen. Diese Verbundenheit lässt sich gut in seinen Romanen erkennen. Besonders in seinem Hauptwerk, den vierbändigen »Jahrestagen«, wird dies deutlich. Und da Experten in dem darin beschriebenen Ort Jerichow eindeutig das Städtchen Klütz wiedererkennen, hat das Literaturhaus an genau dieser Stelle seine Berechtigung.

Die besondere Architektur des Speichergebäudes mit den schweren Holzbalken, gepaart mit der modernen Einrichtung, bietet Eindrucksvolles fürs Auge. Und das vielfältige Programm mit Lesungen, Workshops und Diskussionen macht das Haus nicht nur zu einer Ausstellungsstätte, sondern auch zu einem Ort der Begegnung und Auseinandersetzung mit Literatur. Dass unter dem Dach auch noch Platz für die Klützer Stadtbibliothek ist, passt thematisch wie die Faust aufs Auge. Eine echte kulturelle Bereicherung – nicht nur für Klütz, sondern für die ganze Region.

Adresse Im Thurow 14, 23948 Klütz, www.literaturhaus-uwe-johnson.de | **Anfahrt** B 105 Richtung Grevesmühlen, in Grevesmühlen auf Klützer Straße, Hauptstraße bis Klütz folgen, im Kreisverkehr 3. Ausfahrt auf Wismarsche Straße, rechts auf Am Markt, weiter auf Im Thurow | **Öffnungszeiten** April–Okt. Di–So 10–17 Uhr, Nov.–März Mi–Sa 10–16 Uhr, Veranstaltungsprogramm auf der Website | **Tipp** In derselben Straße befindet sich auch die Staudengärtnerei »Klützer Blumenkate«, eine denkmalgeschützte Hofanlage mit einem wunderschönen Schaugarten bestehend aus über 600 Pflanzenarten.

37 Das Schloss Bothmer

Von London nach Klütz

Die größte in Mecklenburg-Vorpommern erhaltene Schlossanlage im Stile des Barock liegt im kleinen Örtchen Klütz. Die Architektur von Schloss Bothmer ist durch niederländische und englische Vorbilder beeinflusst, was auf den beruflichen Werdegang des Hausherrn zurückzuführen ist. Aber wer war Johann Caspar Graf von Bothmer, der diese imposante Anlage von 1726 bis 1732 als Hauptsitz seiner Familie erbauen ließ?

Eigentlich entstammte Johann Caspar, genannt Hans Caspar, einem niederen Landadelsgeschlecht aus Niedersachsen. Nach seiner Berufung in den diplomatischen Dienst für den Hannoverschen Kurfürsten Georg Ludwig sollte er dessen Hof im Ausland, unter anderem in Den Haag und London, vertreten. Als das englische Königshaus nach dem Tod von Queen Anne einen geeigneten Nachfolger suchte, fiel die Wahl auf den Regenten aus Hannover, der 1714 als King George I. den Thron bestieg. Graf von Bothmer blieb in London, wurde zum engsten Berater des Königs und zum ersten Minister für deutsche Angelegenheiten.

Mit diesem beruflichen Werdegang verfügte Hans Caspar über finanzielle Möglichkeiten, die es ihm erlaubten, mehrere Güter mitsamt Grund und Boden im Klützer Winkel zu erwerben und die mehrflügelige Schlossanlage bauen zu lassen. Leider erlebte er ihre Fertigstellung nicht mehr – er verstarb im Februar 1732 in London. Erster Hausherr wurde sein Neffe und Erbe Hans Caspar Gottfried von Bothmer. Die Anlage blieb bis zur Enteignung im Jahr 1945 im Familienbesitz.

In den folgenden Jahrzehnten litt die Substanz des Ensembles, sodass sie seit der Übernahme durch das Land im Jahr 2008 aufwendig saniert werden muss. So ist die einmalige Anlage erhalten geblieben. Genau wie die Festonallee, die früher die Hauptzufahrt zum Schloss war. Die 270 Meter lange Baumreihe aus holländischen Linden ist in Deutschland einzigartig und daher als Gartendenkmal geschützt.

Adresse Am Park, 23948 Klütz, www.mv-schloesser.de | **Anfahrt** B 105 Richtung Grevesmühlen, in Grevesmühlen auf Klützer Straße, Hauptstraße bis Klütz folgen, am Ortseingang links auf Am Park | **Öffnungszeiten** Mai–Sept. Di–So 10–18 Uhr (Juli, Aug. täglich geöffnet), April und Okt. Di–So 10–17 Uhr, Nov.–März Sa, So 11–16 Uhr und Führungen am Do 12 Uhr, Park ganzjährig täglich ab 10 Uhr | **Tipp** Circa neun Kilometer südlich von Klütz liegt das Steinzeitdorf Kussow mit seinen jung- und mittelsteinzeitlichen Hütten, einem kleinen Kräutergarten und alten Haustierrassen.

38 Das Rosarium Groß Siemen

British, blooming and beautiful

Wer zwischen Satow und Kröpelin einen Abstecher nach Groß Siemen unternimmt, fühlt sich schon beim Anblick des namensgebenden Gutshauses in die britische »Countryside« versetzt. Das Backsteingebäude wurde Ende des 19. Jahrhunderts im Stil der Neorenaissance errichtet und ist unverkennbar von der Bauart englischer Landhäuser beeinflusst.

2001 kamen die heutigen Eigentümer auf den Hof und sanierten das Gutshaus aufwendig und mit viel Liebe zum Detail. Passend dazu wurde das Gutsgelände im Stile eines englischen Landschaftsparks wiederhergestellt.

Die Liebe der Hausherrin zu Rosen aller Art sollte hierbei eine besondere Rolle spielen. Und so wurde inmitten der weitläufigen Parkanlage ein Rosarium angelegt. Hier finden sich rund 3.500 historische und – wie sollte es anders sein – vor allem englische Rosen. Mehrere hundert Sorten sind es, die gepflanzt wurden. Der Gutspark ist nach seiner Wiederherstellung zum Denkmal erklärt worden. Somit ist der 200 Jahre alte Baumbestand geschützt. Genau wie die sorgfältig angelegten Pflanzenbereiche mit den Rosen, Rhododendronsträuchern, einem Kräutergarten, Streuobstwiesen und den immer wiederkehrenden Sichtachsen zu alten Eichensolitären.

Einzigartig ist auch die Einbettung der gesamten Anlage in eine sanfte Hügellandschaft. Egal, wohin man schaut, hier erblickt das Auge nichts anderes als sattes Grün. Und natürlich das Gutshaus sowie die 2009 erbaute Orangerie. Sie passt sich im Baustil dem englischen Park an und bietet den Besuchern einen stilechten Tearoom. Für den Fall, dass das mecklenburgische Hinterland von ebenso stilechtem britischem Dauerregen heimgesucht wird, kann man durch die großflächigen Fenster den Blick in den Garten genießen. Kein Wunder, dass Rosengarten und Orangerie in den Sommermonaten nahezu jedes Wochenende mit Feierlichkeiten – vornehmlich Hochzeitsfesten – belegt sind.

Adresse An der Sieme 13, 18236 Kröpelin (Groß Siemen), www.gutshaus-gross-siemen.de | Anfahrt A 20, Ausfahrt Kröpelin, Richtung Kröpelin, rechts Richtung Klein Siemen, am Ende der Straße links auf An der Sieme, an der Kreuzung links zum Gutshaus | Öffnungszeiten Juni–Aug. Di, Mi, So 11–17 Uhr oder nach Vereinbarung | Tipp In Kröpelin sieht man vom Marktplatz aus die »versenkbare Windmühle«. Wenn man vom Markt in Richtung Bad Doberan fährt, erfährt man, warum sie so heißt.

39 Der Grenzturm

Mahnmal und Aussichtspunkt in einem

Der 15 Meter hohe Turm steht direkt an der Strandpromenade und bietet eine phantastische Rundumsicht auf das Meer, den Strand und das grüne Hinterland.

Ob die Menschen, für die dieser Turm errichtet wurde, einen Blick für diese schöne Aussicht übrighatten? Ihre Aufgabe war es nämlich, von hier oben nach möglichen Republikflüchtlingen Ausschau zu halten. Es handelt sich um einen von 27 Grenzbeobachtungstürmen des Typs BT-11, die während des Kalten Krieges an der Ostseeküste standen.

Heute sind nur noch zwei von ihnen erhalten. Und auch dieser wäre der Abrissbirne zum Opfer gefallen, wenn sich nicht ein Verein aus engagierten Bürgern für seinen Erhalt eingesetzt hätte. Sie restaurierten ihn und erreichten, dass der Grenzturm 1991 zum historischen Denkmal erklärt wurde.

Heute steht er als Mahnmal mitten im Ortskern des Seebads und ermöglicht den Urlaubern, abseits des Strandlebens in die Geschichte der deutsch-deutschen Teilung einzutauchen. Bei einer geschichtlichen Führung im Turm erfahren die Besucher unter anderem alles über die Techniken der Grenzüberwachung.

2012 wurde der Turm um einen neu gebauten Museumspavillon ergänzt. Hier richtete der Verein »Ostsee-Grenzturm« eine Dauerausstellung ein. Es werden erfolgreiche und gescheiterte Fluchtversuche über die Ostsee sowie die Schicksale der Flüchtlinge dokumentiert. Im Fokus stehen dabei Geschichten, die einen Bezug zu Kühlungsborn haben. Wie beispielsweise die spektakuläre Flucht des Rostocker Arztes Peter Döbler, der 1971 die 50 Kilometer lange Strecke von Kühlungsborn nach Fehmarn schwimmend zurücklegte. Oder auch die von Jörn Wiek. Aus Kühlungsborn stammend, bestieg er 1987 in Pepelow ein kleines Schlauchboot und schaffte es, damit unbehelligt bis nach Neustadt zu paddeln. Er stellte dem Verein sein Originalboot als Ausstellungsstück zur Verfügung.

Adresse Strandpromenade, 18225 Ostseebad Kühlungsborn, www.ostsee-grenzturm.com | **Anfahrt** B 105 Richtung Kröpelin, bei Kröpelin Richtung Kühlungsborn, über Schlossstraße weiter auf Strandstraße, rechts auf Doberaner Straße, links auf Rudolf-Breitscheid-Straße, links auf Ostseeallee, zu Fuß zur Strandpromenade, der Grenzturm befindet sich westlich der Seebrücke | **Öffnungszeiten** Juni–Sept. Di, Mi, Fr 14–17 Uhr, Okt.–Mai Di, Fr 14–17 Uhr oder nach Vereinbarung | **Tipp** Westlich von Kühlungsborn steht der Leuchtturm Bastorf (Zum Leuchtturm in Bastorf) auf einer Anhöhe (78,8 Meter über NN). Dadurch ist sein Leuchtfeuer das zweithöchste an der deutschen Ostseeküste, obwohl sein Turm mit 20,8 Metern zu den kleinsten in Deutschland zählt.

40 Die Kunsthalle

120 Quadratmeter Kunst und Kultur

Kunsthalle. Bei diesem Begriff denkt man an Hamburg, Kiel oder Rostock. Dass ein Städtchen mit 8.000 Einwohnern über eine solche Einrichtung verfügt, ist äußerst ungewöhnlich. Doch Kühlungsborn besitzt eine. Klein, aber fein ist sie, mit einer Ausstellungsfläche, die sich auf rund 50 Metern in einem 120 Quadratmeter großen Saal erstreckt. Einst war er die Lesehalle des Badeortes und Teil eines Jugendstilgebäudes aus der Zeit um 1910. Hier saßen damals die elitären Gäste des Ostseebades Arendsee, das 1938 mit der Nachbargemeinde zu Kühlungsborn wurde, und studierten die Weltpresse.

Man könnte sie also eher als Kunsthällchen denn als Kunsthalle bezeichnen, was sie aber nicht weniger sehenswert macht. Allein die Lage des lichtdurchfluteten Gebäudes direkt an der Strandpromenade spricht für sich. Kunstgenuss mit Meeresrauschen im Ohr!

Genauso ansprechend sind die Ausstellungen, die der Kunstverein seit 1991 auf die Beine stellt. Der sieht seine Aufgabe darin, talentierten Künstlern eine Plattform zu bieten, sie zu fördern und bei der Selbstvermarktung zu unterstützen. Aber auch darin, den Besuchern des Ostseebads hochwertige Ausstellungen zu bieten. Diese haben teils regionalen Bezug, teils internationalen Anspruch. Wenn Originale von Picasso, Dalí oder Chagall präsentiert werden, zeigt sich, dass die Bezeichnung »Kunsthalle« an dieser Stelle keineswegs übertrieben ist, sondern einem hohen Anspruch geschuldet ist, dem die aktiven Mitglieder des Kunstvereins gerecht werden möchten.

Zusätzlich zu den acht bis zehn Ausstellungen werden jährlich rund 50 Konzerte in der Halle gegeben. Darunter eine Kammermusikreihe, das Internationale Gitarrenfestival und das Jazz-Meeting Kühlungsborn, die weit über die Region hinaus bekannt sind. Und für die Musikveranstaltungen gilt dasselbe wie für die Ausstellungen und das Gebäude selbst: klein, aber wirklich sehr, sehr fein.

Adresse Ostseeallee 48, 18225 Ostseebad Kühlungsborn, www.kunsthalle-kuehlungsborn.de | Anfahrt B 105 Richtung Kröpelin, bei Kröpelin Richtung Kühlungsborn, weiter auf Schlossstraße, links auf Grüner Weg, rechts auf Zur Asbeck, links auf Neue Reihe, rechts auf Friedrich-Borgwardt-Straße, links auf Poststraße, rechts auf Hermann-Häcker-Straße, rechts auf Ostseeallee | Öffnungszeiten Di – So 12 – 17 Uhr | Tipp Nur ein paar Minuten Fußweg entfernt befindet sich die Tauchbasis Baltic (Anglersteig). Sie bietet nicht nur reguläre Tauchkurse an, sondern ermöglicht ihren Schülern auch an Land das Abtauchen in einem acht Meter hohen Turm.

41 Der Gespensterwald

Inspiration nicht nur für Autoren

Autoren lassen sich nur allzu gerne von besonderen Orten inspirieren. Die Mystik einer besonderen Umgebung verleitet seit jeher dazu, Geschichten zu erzählen. Nicht selten handelt es sich dabei um Klischees, die sich Schriftsteller zunutze machen. Doch an manch einem Ort ist das Klischee ganz einfach Realität. Der Besucher lässt den Blick schweifen und spürt förmlich, wie Ideen, Gedanken und Worte Besitz von ihm ergreifen. Genau so ergeht es wohl den meisten, die den Gespensterwald in Nienhagen betreten.

Zwischen Heiligendamm und Warnemünde liegt das 180 Hektar große Nienhäger Holz. Unter diesem Namen kennen wohl nur die Einheimischen den so gespenstisch aussehenden und unter Naturschutz stehenden Mischwald direkt an der Steilküste. Er setzt sich aus bis zu 170 Jahre alten Bäumen zusammen, im Wesentlichen Eichen und Buchen. Die eigentümlichen, bizarren Formen der Bäume entstanden durch die ständige, direkte Konfrontation mit dem salzhaltigen, feuchten Wind.

Und dann wäre da noch das Gras, das den Boden des Waldes bedeckt. Es scheint so zu sein, als sorge der Seewind dafür, dass es immerzu dieselbe Länge hat. »Wo der Wind das Gras mäht« – so lautet eine Redensart hier an der Küste.

Geister und Hexen sollen in diesem Wald ihr Unwesen getrieben haben, so der Volksmund. Und man kann es sich vorstellen, vor allem dann, wenn der Nebel aufzieht und die knorrigen Bäume und kahlen Baumkronen noch geheimnisvoller erscheinen lässt. »Windflüchter« werden sie genannt, weil sie vor dem Wind zu fliehen scheinen. An sonnigen Tagen hingegen strahlt das bizarre Gehölz etwas Zauberhaftes aus. Dann empfiehlt es sich, auf den hervorragend ausgebauten Wegen zwischen den schiefen Bäumen zu wandern oder eine Radtour zu unternehmen. Zur einen Seite die Steilküste und das Meer, zur anderen ein sagenumwobener Wald – dieser Ort ist in jedem Fall eine Reise wert. Nicht nur für Autoren.

Adresse 18211 Ostseebad Nienhagen | **Anfahrt** A 20, Ausfahrt Rostock-West, B 103 Richtung Rostock, Ausfahrt Richtung Elmenhorst/Lütten Klein, rechts auf St.-Petersburger-Straße, weiter auf Schleswiger Straße, links auf Elmenhorster Weg, in Elmenhorst links auf Hauptstraße, weiter auf Doberaner Straße, rechts auf Strandstraße, bis zur Promenade fahren, der Gespensterwald liegt linker Hand an der Steilküste | **Tipp** Von Nienhagen ist auch eine Wanderung Richtung Warnemünde entlang der Steilküste und durch das Waldgebiet der Stoltera empfehlenswert. Nach gut fünf Kilometern kann man in der Gaststätte Wilhelmshöhe einkehren.

42 Der Schmiedeberg

Aussichtspunkt slawischen Ursprungs

Fast könnte man auf den Gedanken kommen, die Kurverwaltung in Rerik wäre es gewesen, die den Hügel an der Westspitze des Ostseebades aufgeschüttet hat. Direkt am Strand, kurz vor dem schmalen Landstreifen, der das Salzhaff von der Ostsee trennt. Damit jeder Tourist hinaufsteigen und die abwechslungsreichen Naturschönheiten, die Rerik zu bieten hat, auf einen Blick erfassen kann. Zur einen Seite den feinen Sandstrand, der zur Halbinsel Wustrow führt, zur anderen Seite die Steilküste, die sich von Osten an den Ort heranschiebt. Vorne die Weite der Ostsee, hinten das Salzhaff mit dem Hafen.

Und tatsächlich ist er nicht natürlichen Ursprungs, der Schmiedeberg, um den es hier geht. Allerdings wurde er schon vor sehr langer Zeit aufgeschüttet, und auch nicht für die Touristen, sondern zur eigenen Sicherheit und Verteidigung.

Urheber waren die Slawen, die sich im 7. Jahrhundert nach Christus hier niederließen. Sie schütteten Holz und Erde zu einem Wall auf und errichteten in dessen Mitte ihre Burg. Ein ungewöhnlicher Ort für eine slawische Siedlung – schließlich findet man diese sonst nicht direkt an der offenen See. Aber es war vermutlich das Salzhaff, das die Möglichkeit bot, hier einen geschützten Hafen anzulegen, der die Siedler aus dem östlichen Mitteleuropa anzog.

Die Burganlage hat das Meer mit sich genommen, genau wie das Land um den Burgwall herum. Es wurde immer weiter abgetragen, sodass sich der Schmiedeberg als Erdhügel deutlich von der Umgebung abhebt.

Ein trauriges Ende für die Slawen, ein glückliches für Rerik. So ist das Ostseebad um eine Attraktion reicher – und besitzt nun einen Platz, an dem man die gesamte Schönheit, die den Ort ausmacht, auf sich wirken lassen kann. Auf der Spitze des Schmiedebergs wurde ein Aussichtspavillon errichtet, von dem aus der Blick rundum in die Weite der Landschaft schweifen kann.

Adresse Dünenstraße, 18230 Ostseebad Rerik | **Anfahrt** A 20 bis Kreuz Wismar, A 14 Richtung Wismar, B 105 Richtung Bad Doberan, in Neubukow links auf Reriker Straße, im Kreisverkehr 3. Ausfahrt, die Straße führt direkt auf den Schmiedeberg (Ecke Dünenstraße) zu | **Tipp** Rund um Rerik gibt es acht Großsteingräber, zu denen man eine Wanderung mit fachkundiger Führung unternehmen kann. Informationen gibt die Kurverwaltung, Dünenstraße 7.

43_Die Glashütte Glashagen

Alte Tradition in modernem Gewand

Südlich von Bad Doberan, mitten auf dem Land, wo kleine Dörfer von unzähligen Alleen verbunden werden, liegt etwas abseits der Landstraßen ein malerisches strahlend blaues Haus, auf das man von allein kaum stoßen würde. Doch glücklicherweise führen Hinweisschilder mit der Aufschrift »Glashütte Glashagen« den Suchenden dorthin. Denn der Besuch der einzigen Glashütte Mecklenburgs ist für Liebhaber der traditionellen Glashandwerkskunst ein absolutes Muss.

Waldglas – so hieß das grünlich gefärbte Glas, das in dieser Region schon seit dem 13. Jahrhundert hergestellt wurde. Die mehr oder weniger starke Färbung kam durch die Eisenoxide zustande, die in dem verwendeten Rohstoff Quarzsand enthalten waren. Da zur Befeuerung der Schmelzöfen ausreichend Holz benötigt wurde, wurden die Glashütten meist direkt in den Wald hineingebaut, wodurch die Bezeichnung »Waldglas« eine gewisse Doppeldeutigkeit bekam. Weil in Mecklenburg Quarzsand und Holz in ausreichender Menge aufeinandertrafen, galt es ab dem 17. Jahrhundert als Hochburg der Glasproduktion, mit mehr als 220 Hütten. Doch irgendwann war der Wald kahl geschlagen, und die ausländische Konkurrenz drängte auf den Markt. Somit kam der Niedergang dieses Handwerkszweigs zum Ende des 19. Jahrhunderts.

Mehr als 100 Jahre später lassen ein Künstlerehepaar und ein Glasmacher die alte Tradition wieder lebendig werden: in einer kleinen und feinen Glasmanufaktur am Standort Glashagen, wo schon die Mönche des Doberaner Klosters im Mittelalter eine Glashütte betrieben. Dickwandige Trinkgläser, Schalen, Vasen, Flaschen – robust in der Qualität, schlicht im Design. Ganz so wie das mittelalterliche Waldglas. Nur wesentlich vielfältiger in der Farbgebung. Ein schnörkelloser Stil, der als nordisch kühl bezeichnet werden könnte und dabei moderner denn je ist, wie die Resonanz des Publikums zeigt.

Adresse 18211 Retschow (Glashagen), www.glashagenhuette.de | **Anfahrt** A 20, Abfahrt Bad Doberan, rechts in Richtung Bad Doberan, hinter dem Dorf Hohenfelde kurz vor Bad Doberan links in den Hohlweg, den Hinweisschildern folgen | **Öffnungszeiten** April–Dez. Mo–Sa 10–18 Uhr, Jan.–März geschlossen | **Tipp** Der heute noch bewirtschaftete Denkmalhof Pentzin, Dorfstraße 2 in Retschow, gibt einen Einblick in die bäuerliche Lebens- und Arbeitswelt in der Region.

44 Die Bernsteinstadt

Heimat des Fischlandschmucks

Er ist das Gold der Ostsee und ein Edelstein, der eigentlich gar keiner ist. Die Rede ist vom Bernstein, der als Schmuckstein zeitlos beliebt ist. Doch in Wirklichkeit ist er gar kein Stein, sondern besteht aus Harz von Urzeitbäumen.

Weltweit gibt es Bernstein, der schon 260 Millionen Jahre alt ist. Der im Ostseeraum vorkommende ist vor 35 bis 70 Millionen Jahren entstanden. Und mit etwas Glück kann man ihn auch an den hiesigen Stränden finden.

Das kurz vor der Halbinsel Fischland gelegene Ribnitz-Damgarten bezeichnet sich selbst als Bernsteinstadt. Es gibt ein nagelneues Bernsteinmuseum im Ribnitzer Kloster und eine Bernsteinkönigin. Der Grund dafür ist aber nicht etwa ein besonders reiches Vorkommen des Schmucksteins am örtlichen Strand, sondern vielmehr die Bernstein-Schaumanufaktur. Denn diese ist aus dem ehemaligen VEB Ostsee-Schmuck hervorgegangen, einst der größte Produzent von Silber- und Bernsteinschmuck in der DDR. Ursprünglich wurde das Unternehmen im 18. Jahrhundert vom Silberschmid Georg Kramer gegründet. Sein Nachfahre Walter Kramer entwarf und produzierte im Familienunternehmen den bekannten Fischlandschmuck. Dabei wurden Naturbernsteine in Silber eingefasst und mit aufgelöteten maritimen Motiven verziert. Die Stücke waren, besonders bei Touristen, so beliebt, dass das Unternehmen schnell zu einem der größten Arbeitgeber in Ribnitz wurde. Nach dem Zweiten Weltkrieg wurde der Betrieb allerdings enteignet, und Kramer flüchtete nach Lübeck, wo er eine neue Schmuckmanufaktur aufbaute.

Nach 45 Jahren staatlicher Produktion wird der Bernsteinschmuck nun wieder unter privater Führung hergestellt – und erfreut sich immer noch großer Beliebtheit. Eine besondere Attraktion ist daneben die gläserne Produktion, bei der die Besucher sich ein Schmuckstück nach eigenen Wünschen fertigen lassen und mit nach Hause nehmen können.

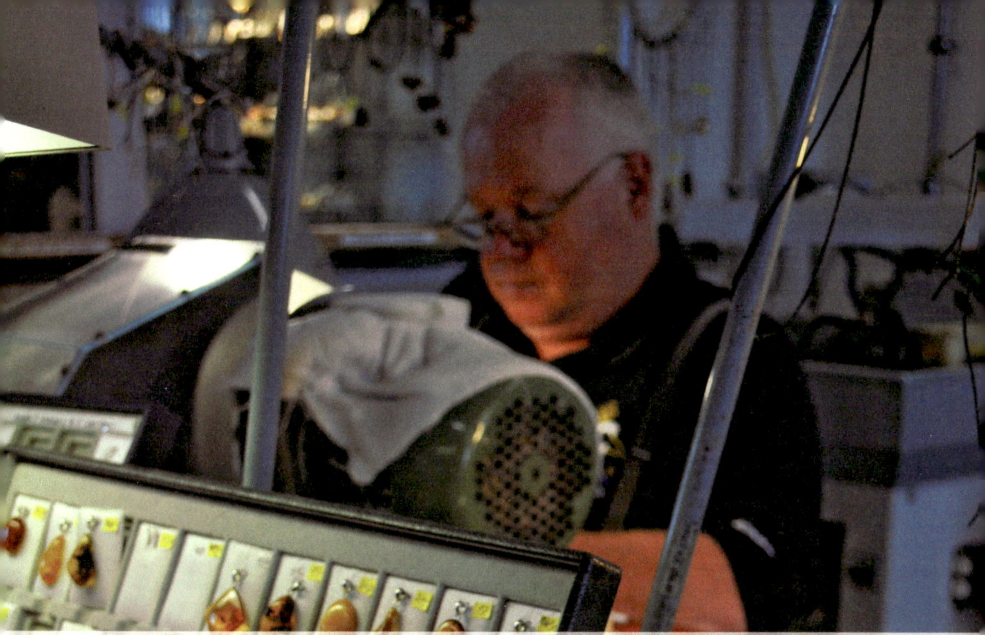

Adresse An der Mühle 30, 18311 Ribnitz-Damgarten, www.ostseeschmuck.de | **Anfahrt** A 20 bis Kreuz Rostock, A 19 Richtung Rostock, Ausfahrt Rostock-Ost, B 105 Richtung Ribnitz-Damgarten, weiter auf B 105 Richtung Stralsund, rechts ins Gewerbegebiet An der Mühle, nächste Möglichkeit links | **Öffnungszeiten** Mo–Fr 9.30–18 Uhr, Sa 9.30–16 Uhr | **Tipp** Wenn man Damgarten in Richtung Saal verlässt und anschließend links abbiegt (Flugplatzallee), kommt man zum Museum des Technikvereins Pütnitz. Es befindet sich im Wald auf dem Gelände eines ehemaligen Militärflugplatzes. Zu sehen gibt es etwa 500 Fahrzeuge und Fluggeräte aus dem einstigen Ostblock.

45 Das Große Moor

Das Moor am Meer

Wer am Ostseestrand Mecklenburg-Vorpommerns mit gesenktem Haupt und suchendem Blick spazieren geht, ist meist auf der Suche nach Bernstein. An der Küste zwischen den Seebädern Graal-Müritz und Dierhagen trifft man jedoch seltener auf goldfarbene Steinchen, sondern eher auf schwarze Brocken. Es handelt sich dabei um Torf, der nach Stürmen manchmal an den Strand gespült wird. In unmittelbarer Küstennähe liegt nämlich das Ribnitzer Große Moor, das sich ursprünglich bis weit in die Ostsee hinein erstreckt hat. Durch die Verlandung eines Sees vor circa 11.000 Jahren entstand in der Folge eines der größten Regenmoore des Bundeslandes, das mit einer bis zu 3,5 Meter starken Torfschicht bedeckt war. Durch die Verschiebung der Küstenzone wurde ein Teil des Moores vom Meer verschluckt. Torfablagerungen auf dem Meeresboden zeigen, dass es einst bis an die aktuelle Schifffahrtslinie heranreichte.

Heute ist das Moor 274 Hektar groß und zeichnet sich durch seine besondere Lage zwischen Küste und Wald aus. Die Fläche wurde bereits 1939 unter Naturschutz gestellt, denn Torfabbau und Trockenlegung zur Gewinnung von landwirtschaftlichen Flächen gefährdeten das Gebiet. Moore sind nicht nur durch ihre einzigartige Flora und als Rückzugsort für viele seltene Tierarten schützenswert, sondern stellen auch einen wichtigen natürlichen Luftfilter dar. Dieses und noch viel mehr Wissenswertes zum Ribnitzer Großen Moor vermittelt das »Infozentrum Wald und Moor«, von dem aus der Wanderweg durch das Naturschutzgebiet führt. Er verläuft zunächst ein Stück durch den Stadtforst und dann weiter durch die abwechslungsreiche Moorlandschaft, vorbei an Erlenbruchwäldern, Heidelandschaften, Wollgraswiesen und immer wieder dem Königsfarn, der auf weiten Flächen im Moor vorkommt. Und vorbei an den Torfseen. Nach der Einstellung des Torfabbaus haben sich die entstandenen Mulden mit Wasser gefüllt und wurden zu wertvollen Biotopen.

Adresse Ribnitzer Landweg 3, 18311 Ribnitz-Damgarten (Neuheide) | **Anfahrt** A 20 bis Kreuz Rostock, A 19 Richtung Rostock, Ausfahrt Rostock-Ost, B 105 Richtung Ribnitz-Damgarten, links Richtung Klockenhagen, weiter geradeaus, auf Höhe Am Bernsteinsee links abbiegen, weiter auf Ribnitzer Landweg, beim »Infozentrum Wald und Moor« parken, zu Fuß weiter | **Tipp** Auf dem Weg zum Moor kommt man direkt am Freilichtmuseum Klockenhagen in der Mecklenburger Straße 57 vorbei, das mit vielen Mitmachangeboten, einem Dorfladen und einer Gaststätte auf seine Besucher wartet.

46 Der Botanische Garten

Von Gämsen und Kanzlergattinnen

Für einen kurzen Moment könnte man meinen, man sehe die Gämsen förmlich vor sich herspringen. Zwischen schroffen Felsen und hochmontaner Flora, so wie man die Kulisse aus den Alpen oder anderen Gebirgen kennt. Aber auch wenn es im Botanischen Garten der Universität Rostock keine Gämsen gibt, landschaftlich ist die Gebirgs- oder Steingartenanlage, die auf dem 0,5 Hektar großen Areal des Alpinums geschaffen wurde, einmalig für Norddeutschland. Doch nicht nur die Flora der Alpen ist vertreten, im Alpinum kann der Besucher Pflanzen sämtlicher Hochgebirge der Welt bestaunen. Interessanterweise stört es die Höhenluft gewohnten Gewächse kein bisschen, dass sie nun fast auf Meeresniveau kultiviert werden.

Aber der Botanische Garten hat noch viel mehr zu bieten. Auf dem 7,8 Hektar großen Freigelände sprießen um die 5.000 Pflanzenarten. Außer den für Gärten und Parks typischen Bäumen und Staudengewächsen gibt es verschiedene Biotope zu erkunden. Hier werden Pflanzen in ihrer natürlichen Nachbarschaft gezeigt, wie beispielsweise die Gewächse im Hochmoor, auf der Düne, im Buchenwald oder in Uferzonen. Eine Abteilung des Gartens stellt Gewürz- und Heilpflanzen vor, eine andere befasst sich mit bedrohten und geschützten einheimischen Arten.

Es werden aber auch Pflanzen gezeigt, die aus ganz anderen Regionen kommen und sich nicht so gut an die Rostocker Verhältnisse anpassen können wie es den Genossen aus dem Gebirge gelingt. Daher werden diese tropischen und subtropischen Arten in Gewächshäusern kultiviert. Unter Glas, mit angepasster Temperatur und Luftfeuchtigkeit, gedeihen Pflanzen aus dem Regenwald genauso wie solche aus den Wüsten und Halbwüsten. Natürlich getrennt voneinander. Und an dieser Stelle kommt die Kanzlergattin ins Spiel: Zu Ehren ihres Engagements als Botanikerin wurden 2009 die Loki-Schmidt-Gewächshäuser eröffnet – unter Teilnahme der berühmten Namensgeberin.

Adresse Hamburger Straße 28, 18069 Rostock (Hansaviertel), www.garten.uni-rostock.de | Anfahrt A 20, Ausfahrt Rostock-West, B 103 Richtung Rostock, Ausfahrt bei B 105, rechts auf Hamburger Straße (Richtung Rostock-Zentrum) | Öffnungszeiten Freigelände: Anfang März–Ende Nov. Di–Fr 7–19 Uhr, Sa, So, feiertags 9–19 Uhr, Loki-Schmidt-Gewächshäuser: Di–Do 10–12.30 Uhr, 13–15 Uhr | Tipp Tiere statt Pflanzen kann man im Rostocker Zoo, Rennbahnallee 21, sehen. Das Darwineum nimmt die Besucher auf eine Reise durch die Geschichte der Evolution mit.

47 Die ehemalige Neptun Werft

Ein Industrieareal erfindet sich neu

1850 wurde in Rostock eine Werft eröffnet, die sich 1890 in die »Neptun Schiffswerft und Maschinenfabrik Aktiengesellschaft« verwandelte. Zu diesem Zeitpunkt war sie bereits nicht mehr aus dem Stadtbild wegzudenken. Und auch als die Produktionsstätten Ende des 20. Jahrhunderts nach Warnemünde verlegt wurden, riss die Stadt die prägenden Industriebauten nicht ab, sondern nutzte sie um. Entstanden ist ein Einkaufszentrum mit ganz besonderem Ambiente. Schon von Weitem weist der eindrucksvolle und denkmalgeschützte »Hellingkran« mit seinem bis zu 56 Meter hohen Ausleger den Weg zum Gelände. Und wären da nicht die gelben Banner mit den großen schwarzen Buchstaben, man würde gar nicht erkennen, wo sich der Konsumtempel befindet. Denn die Schiffbauhalle hat optisch von außen und von innen ihren Charakter bewahrt. Auf 5.500 Quadratmetern Fläche wurden Einzelhandelsläden in die umgebende Hülle »eingebaut«, die Flächen zwischen den Geschäften blieben offen und geben den Blick auf das riesige und hohe Dach frei. Die alte Produktionshalle direkt daneben dient heute als Parkhaus.

Aber auf das ehemalige Werftgelände kommen viele Menschen nicht nur zum Einkaufen, sondern auch zum Flanieren. Die Promenade wurde vom Stadthafen in Richtung Warnemünde verlängert. Andere wiederum sind täglich auf der wiederbelebten Industriebrache unterwegs. Sie wohnen nämlich hier. Nicht in den ehemaligen Industriebauten, sondern in neuen, modernen Wohnhäusern. Direkt an der Warnow gelegen, sind attraktive Eigentumswohnungen und Gebäude mit Mietobjekten entstanden, die durch eine Rostocker Baugenossenschaft realisiert wurden. Die Bewohner genießen in dieser besonderen Wohnlage ganzjährig den großartigen Blick auf die Warnow. Und an den vier Tagen im August, an denen die jährliche Hanse Sail stattfindet, haben sie einen Logenplatz direkt auf dem eigenen Balkon.

Adresse Werftstraße/Hellingstraße, 18057 Rostock (Kröpeliner Tor-Vorstadt) | **Anfahrt** A 20, Ausfahrt Rostock-West, B 103 Richtung Rostock, Ausfahrt bei B 105, rechts auf Hamburger Straße (Richtung Rostock-Zentrum), weiter auf Holbeinplatz und Lübecker Straße, links zur Werftstraße | **Tipp** Auf dem Weg von der Werft in die Innenstadt befindet sich in der Doberaner Straße 27 die Hanseatische Brauerei Rostock, die die jahrhundertealte Tradition des Bierbrauens in der Stadt fortsetzt. Öffentliche Führungen können über die Tourist-Information gebucht werden.

48 Die ehemalige U-Haftanstalt der Stasi

Dokumentation der zweiten deutschen Diktatur

Beklemmend. Dieses Wort drückt am besten aus, welcher Natur die Gefühle sind, die die Dokumentations- und Gedenkstätte in der ehemaligen Untersuchungshaftanstalt der Stasi in Rostock auslöst. Ungewöhnlich authentisch erfährt der Besucher alles über die Haftbedingungen, denen Regimekritiker und gescheiterte Republikflüchtlinge bis zur Beendigung ihres Gerichtsverfahrens ausgesetzt waren. Der Besucher besichtigt die Gefängniszellen, von denen es circa 50 Stück gab und in denen zeitgleich bis zu 110 Frauen und Männer »verwahrt« werden konnten. Meistens waren die Häftlinge zu zweit in den 7,5 Quadratmeter großen Räumen, die keine Fenster, sondern nur Glasbausteine besaßen. Besonders erschreckend sind die sogenannten Dunkelzellen, die bei Führungen zugänglich sind. Man mag sich kaum vorstellen, wie es einem Menschen ergangen sein muss, der in einem solchen Kellerverlies abgeschottet wurde, weil er sein Recht auf Freiheit einfordern wollte. Solche und andere psychologische Maßnahmen, wie beispielsweise die Isolation von Insassen, wurden genutzt, um Geständnisse zu erwirken. Diese wurden in den folgenden Prozessen gegen die Untersuchungshäftlinge verwendet. Selbst in der U-Haft waren die Beschuldigten nicht sicher vor Spitzeln unter den Mitgefangenen.

Die Dauerausstellung in der Dokumentations- und Gedenkstätte klärt auf – über die Bedingungen in der Rostocker U-Haft, aber auch über die Methoden des Stasi-Apparates. Sie zeigt, wie die Informanten arbeiteten, welche Techniken die Stasi einsetzte, angefangen von Abhörmethoden bis hin zur Gewinnung von »Geruchsproben«. Für Schulen gibt es spezielle Angebote und Materialien, denn das Museum folgt dem Grundsatz des Bundesbeauftragten für die Stasi-Unterlagen (BStU): »Je besser wir Diktatur begreifen, umso besser können wir Demokratie gestalten.«

Adresse Hermannstraße 34b, 18055 Rostock (Stadtmitte) | **Anfahrt** A 20 bis Kreuz Rostock, A 19 Richtung Rostock, Ausfahrt Kessin, B 191 Richtung Rostock, links auf Mühlendamm, links halten und weiter auf Ernst-Barlach-Straße, weiter auf August-Bebel-Straße, links auf Hermannstraße | **Öffnungszeiten** März – Okt. Di – Fr 10 – 18 Uhr, Sa 10 – 17 Uhr, Nov. – Feb. Di – Fr 9 – 17 Uhr, Sa 10 – 17 Uhr; Führungen: Mi und Sa 14 Uhr | **Tipp** Wer nach der Besichtigung die Historie der DDR weiter aufarbeiten möchte, hat in der universitären Fachbibliothek »Geschichte der DDR« die Möglichkeit. Sie befindet sich seit 1998 im Gebäude der ehemaligen U-Haftanstalt.

49 Das Kempowski-Archiv

Persönliche Sammlung eines großen Rostockers

Walter Kempowski war einer der bekanntesten Schriftsteller der Nachkriegszeit und zugleich einer der wichtigsten literarischen Botschafter Rostocks. In einem Haus der malerischen Klosterhofanlage hat der Verein »Kempowski-Archiv-Rostock – Ein bürgerliches Haus« eine umfangreiche Sammlung rund um das Leben und Werk des Schriftstellers eingerichtet. Der Großteil davon wurde von Walter Kempowski selbst zusammengetragen. Er sammelte leidenschaftlich gern Dokumente aus seinem Leben und dem seiner Familie, aber auch Alltagszeugnisse, die ihm von anderen Menschen zugetragen wurden.

Der Blick auf sein Leben ist zugleich auch einer auf die ostdeutsche Nachkriegsgeschichte. Kempowski, der ab 1947 in Hamburg lebte und für den US-Nachrichtendienst arbeitete, wurde im März 1948 bei einem Besuch in Rostock verhaftet und wegen Spionage zu 25 Jahren Arbeitslager verurteilt. Obwohl Kempowski schon nach acht Jahren aus der Haft entlassen wurde, sollte die Zeit im Gefängnis prägend für ihn sein und den Grundstein für seine schriftstellerische Tätigkeit legen. In seinem 1969 erschienenen Erstlingswerk »Im Block, ein Haftbericht.« verarbeitete er diese Erfahrung. Im Kempowski-Archiv sind Original-Exponate zu sehen, die die Haftzeit Walter Kempowskis, seines Bruders und seiner Mutter, die ebenfalls inhaftiert waren, dokumentieren. Ebenso ein vom Schriftsteller angefertigtes Gefängnismodell, das ihm als Erinnerungsstütze diente.

Außerdem ist die rekonstruierte elterliche Bibliothek zu sehen. Nachdem die Bücher nach der Inhaftierung der Mutter gemeinsam mit dem restlichen Hausstand versteigert wurden, trug Walter Kempowski sie nach und nach wieder zusammen. Die weiteren Exponate widmen sich insbesondere dem Werk des Schriftstellers. So können die Besucher sogar in den original Manuskripten und weiteren Materialien Kempowskis blättern.

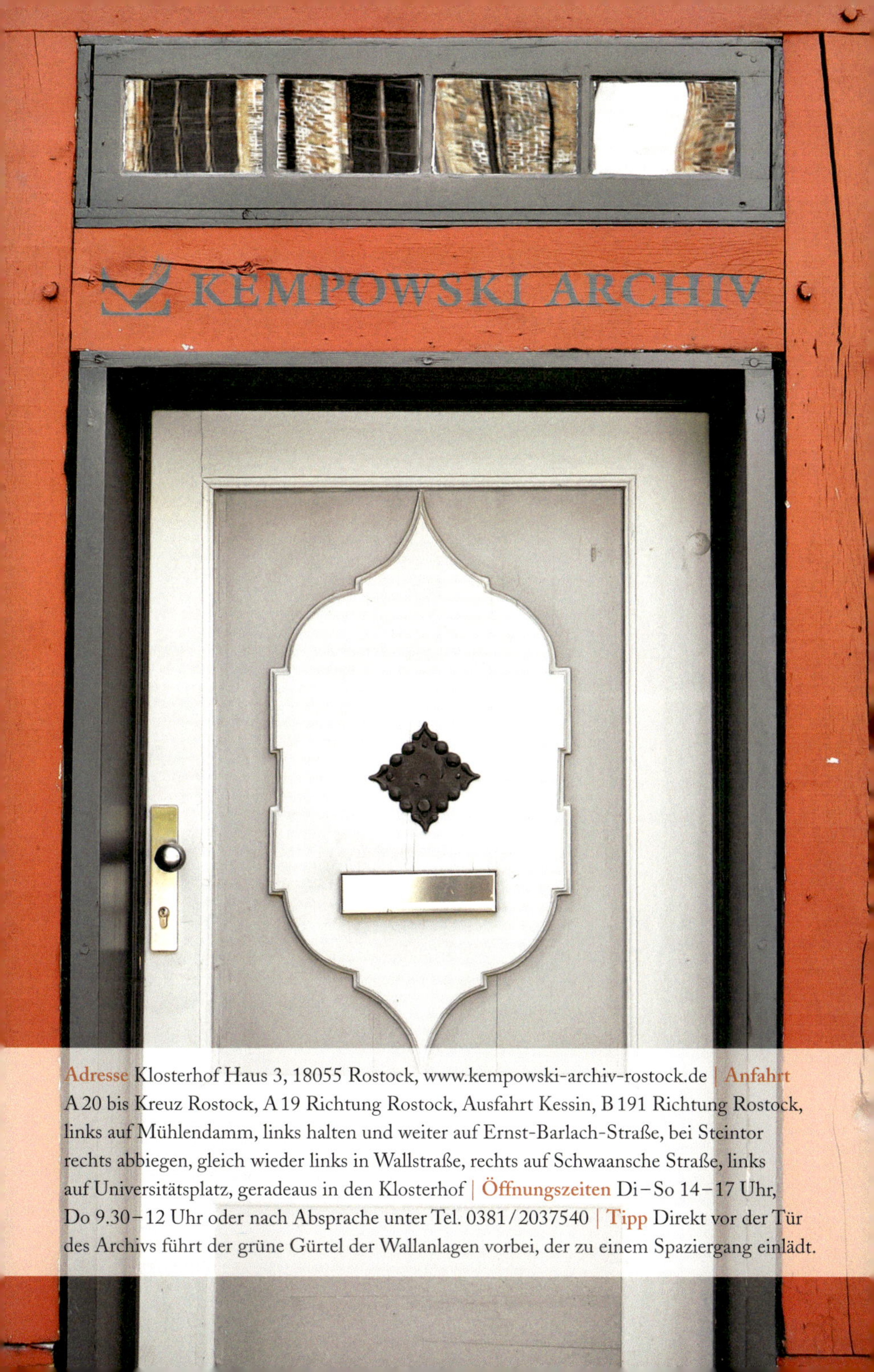

Adresse Klosterhof Haus 3, 18055 Rostock, www.kempowski-archiv-rostock.de | **Anfahrt** A 20 bis Kreuz Rostock, A 19 Richtung Rostock, Ausfahrt Kessin, B 191 Richtung Rostock, links auf Mühlendamm, links halten und weiter auf Ernst-Barlach-Straße, bei Steintor rechts abbiegen, gleich wieder links in Wallstraße, rechts auf Schwaansche Straße, links auf Universitätsplatz, geradeaus in den Klosterhof | **Öffnungszeiten** Di – So 14 – 17 Uhr, Do 9.30 – 12 Uhr oder nach Absprache unter Tel. 0381 / 2037540 | **Tipp** Direkt vor der Tür des Archivs führt der grüne Gürtel der Wallanlagen vorbei, der zu einem Spaziergang einlädt.

50 Die Klosteranlage

Besinnliche Ruhe inmitten der Stadt

Mitten in der Rostocker Innenstadt, in unmittelbarer Nähe der belebten Einkaufsmeile Kröpeliner Straße, im südlichsten Winkel des Universitätsplatzes, führt ein Tor zum Klosterhof. Wer hindurchtritt, verlässt den Trubel der Stadt und findet einen Ort der Ruhe und Beschaulichkeit. Hier kann man besinnlich im Garten verweilen oder in die Kunst- und Kulturhistorie der Stadt eintauchen, das Werk des Schriftstellers Walter Kempowski kennenlernen oder einen Kaffee in gemütlicher Atmosphäre genießen.

1270 war es, als die verwitwete dänische Königin Margarete das Kloster zum Heiligen Kreuz als Zisterzienserinnenstift am Rande der Neustadt gründen ließ und hier auch ihre letzten Lebensjahre verbrachte.

In der ersten Hälfte des 14. Jahrhunderts wurden die Gebäude des Klosters errichtet. Nach der Auflösung des Konvents im Jahr 1920 entstand die Idee, darin ein Museum einzurichten. Doch erst 1976 war es so weit, die historischen Klostergebäude wurden umgebaut und rekonstruiert, sodass in diesem Zuge das zum damaligen Zeitpunkt heimatlose Kulturhistorische Museum Rostock einziehen konnte. Vom Museum aus kann auch die ehemalige Klosterkirche mit ihrer schmuckvollen und nahezu vollständigen Ausstattung besichtigt werden. Sie wird auch heute noch für Gottesdienste genutzt – vom theologischen Institut der benachbarten Universität, aber ebenso von der Innenstadtgemeinde.

Im malerischen Klosterhof, von der historischen Stadtmauer begrenzt, kann man die Ruhe genießen und den Blick über die niedlichen Fachwerkhäuser schweifen lassen, die sich bunt aneinanderreihen. Zwischen dem 17. und 18. Jahrhundert erbaut, dienten sie als Wohnhäuser für die Stiftsdamen. Heute befinden sich darin das Walter-Kempowski-Archiv, die Klosterschmiede, eine Kunstgalerie und das Café Kloster, das mit seinem integrativen Konzept Arbeitsplätze für Menschen mit Behinderung bietet.

Adresse Klosterhof, 18055 Rostock (Stadtmitte) | Anfahrt A 20 bis Kreuz Rostock, A 19 Richtung Rostock, Ausfahrt Kessin, B 191 Richtung Rostock, links auf Mühlendamm, links halten und weiter auf Ernst-Barlach-Straße, bei Steintor rechts abbiegen, gleich wieder links in Wallstraße, rechts auf Schwaansche Straße, links auf Universitätsplatz, geradeaus geht es in den Klosterhof | Tipp Im Kröpeliner Tor in der Kröpeliner Straße befindet sich eine Dauerausstellung zur mittelalterlichen Stadtbefestigung.

51 Die Kunsthalle

Ein Stück Weltoffenheit im Sozialismus

Zugegeben, von außen ist sie nicht die schönste, avantgardistischste oder architektonisch eindrucksvollste Vertreterin ihrer Art. Schließlich hat sie schon einige Jährchen auf dem Buckel. Die Kunsthalle Rostock war der einzige Neubau eines Ausstellungshauses in der DDR und dort auch das einzige Museum für zeitgenössische Kunst. Bei der Eröffnung im Jahr 1969 wurde sie als spektakulärer Neubau gefeiert, und auch heute noch entfaltet das Gebäude inmitten seiner Umgebung im Park am Schwanenteich eine besondere Wirkung. Gerade aus der Ferne betrachtet, kann man sich vorstellen, für welche Furore die Eröffnung damals gesorgt hat.

Für Furore haben auch die gezeigten Ausstellungen gesorgt, war die Kunsthalle seinerzeit doch ein Ort, der sich in dem geschlossenen System des Sozialismus ungewöhnlich weltoffen präsentieren durfte. Schließlich wurden hier nicht nur Werke von Künstlern aus der DDR und deren Bruderstaaten gezeigt. Es fanden regelmäßig Biennalen im Ostseeraum statt, bei denen auch die nicht sozialistischen skandinavischen Länder ihren Platz hatten. Die Kunsthalle Rostock war über die Staatsgrenzen hinaus als innovative Institution für zeitgenössische Kunst bekannt.

Nach der Wende versuchte man mit westdeutschen Einflüssen und Personal an diese Erfolgsgeschichte anzuknüpfen. Vergeblich. Die Kunsthalle fiel langsam, aber sicher in einen Dornröschenschlaf. Bis ihr 2009 sogar die Schließung drohte. Doch der Verein »pro Kunsthalle« stellte sich dem entgegen. Er übernahm die Leitung und hauchte dem Haus binnen weniger Monate neues Leben ein. Seine erste Ausstellung in Eigenregie zeigte Werke des Modedesigners Wolfgang Joop und war ein voller Erfolg. Inzwischen ist man es in Rostock fast schon gewöhnt, renommierte Künstler von allen Kontinenten zu Gast zu haben. Und so wird mit Unterstützung der regionalen Wirtschaft und der Hansestadt Rostock doch an den Glanz der alten Zeit angeknüpft.

Adresse Hamburger Straße 40, 18069 Rostock (Reutershagen), www.kunsthallerostock.de | **Anfahrt** A 20, Ausfahrt Rostock-West, B 103 Richtung Rostock, Ausfahrt bei B 105, rechts auf Hamburger Straße (Richtung Rostock-Zentrum) | **Öffnungszeiten** Di–So 11–18 Uhr | **Tipp** Ein Kunst- und Kulturerlebnis der besonderen Art bietet die Villa Papendorf im gleichnamigen Ortsteil (Alte Ziegelei 1). In der Jugendstilvilla kann man Kunst, Literatur und Musik auf höchstem Niveau erleben.

52__Das Marine Science Center

Forschung live erleben

Ein Forschungszentrum für Robben, bei dem die Tiere direkt im Meer schwimmen und die Besucherplattform sich auf einem Schiffsdeck befindet. Das ist das Marine Science Center im Rostocker Ortsteil Hohe Düne. Direkt an der Ostmole der Warnow liegt das weiße Forschungsschiff mit dem Namen »Lichtenberg«, das seine ganz eigene Geschichte zu erzählen hat: Einst gehörte es als Ausflugsdampfer mit dem Namen »Friedrich Wolf« zur »Weißen Flotte« in Ost-Berlin. 1962 wurde es gekapert und von 14 Personen zu einer spektakulären Flucht in den Westen genutzt – die unter dem Kugelhagel der Grenzpolizei allen Insassen gelang. Seit 2008 liegt es nun ohne Motoren in Rostock und beherbergt Räumlichkeiten und Labore für die Forscher.

Doch zurück zu den Robben, um die es im MSC eigentlich geht. Rund um das Schiff werden neun Tiere in einer Netzanlage gehalten. Dadurch leben sie in natürlichem Ostseewasser und können Kontakt zur Welt außerhalb der Netze aufnehmen. Rund um die Forschungsstation werden nämlich immer wieder wild lebende Robben gesichtet, die dicht an die Netze und Liegeplattformen heranschwimmen und das, was hier geschieht, offenbar sehr interessant finden. Die Besucher des MSC können die Tiere vom Schiff aus beobachten und bei den regelmäßigen Trainingseinheiten zusehen. Diese finden nicht zu Showzwecken statt, sondern dienen der biologischen Grundlagenforschung, um mehr über die Sinnesleistungen und kognitiven Fähigkeiten der Meeressäuger zu erfahren. Im Forschungsgebiet der Bionik fließen die gewonnenen Erkenntnisse in die Entwicklung von technischen Sensoren ein.

Unabhängig vom wissenschaftlichen Hintergrund der Anlage ist es für Erwachsene wie Kinder ein Riesenspaß, die Seehunde und den Seebären aus nächster Nähe zu beobachten. Wer noch dichter ran möchte, kann, nach vorheriger Buchung, sogar direkten Kontakt mit den Robben aufnehmen.

Adresse Am Yachthafen 3a, 18119 Rostock (Hohe Düne), www.msc-mv.de | **Anfahrt** A 20 bis Kreuz Rostock, A 19 Richtung Rostock, Ausfahrt Rostock-Ost, B 105 Richtung Ribnitz-Damgarten, bei Rövershagen links auf Graal-Müritzer-Straße, im Kreisverkehr 1. Ausfahrt, links auf Markgrafenheider Straße, weiter auf Warnemünder Straße, Richtung Hohe Düne, rechts auf Am Yachthafen, Parkplatz nutzen und zu Fuß bis zur Ostmole gehen | **Öffnungszeiten** April täglich 10–16 Uhr, Mai–Okt. täglich 10–17 Uhr, Nov. Do–So 10–16 Uhr (Kassenschluss jeweils eine Stunde früher) | **Tipp** Auf dem Weg zur Robbenstation fährt man durch Markgrafenheide. Dort kann man im Kletterpark »Hohe Düne«, Warnemünder Straße 20, seine Schwindelfreiheit testen.

53 Das Schifffahrtsmuseum

Ein etwas anderes Freilichtmuseum

Ein Schiff aus Beton? Kann das überhaupt schwimmen? Ja, es kann! Den Beweis liefert die Capella, die als Teil des Schifffahrtsmuseums am Warnowufer in Rostock festgemacht hat.

Im Zweiten Weltkrieg, als Stahl für die Rüstungsindustrie benötigt wurde und folglich im Schiffbau knapp war, wurden diese Schiffe in Serie produziert. Sie waren zwar sehr dickwandig und schwer, aber dafür sehr preiswert und haltbar. Dennoch konnte sich die Bauweise nicht durchsetzen, und so ist die Capella das letzte schwimmfähige Betonschiff ihrer Größenklasse. Seit 1988 ist sie Teil des Rostocker Museums für Schiffbau und Schifffahrt und kann besichtigt werden.

Zum Museum gehören aber noch weitere Schiffe, ein Schwimmkran und eine historische Bootswerft. Und das alles eingebettet in den Park der Internationalen Gartenausstellung von 2003, der auch heute noch mit seiner grünen und blühenden Pracht Besucher anlockt. Herzstück des maritimen Museums ist das »Traditionsschiff Typ Frieden«. Einst als Motorfrachtschiff »Dresden« mit einer Tragfähigkeit von 10.000 Tonnen auf den Weltmeeren unterwegs, wurde es im Sommer 1970 zum Museumsschiff.

Highlights der Besichtigung sind die sogenannten Denkmalräume, die noch original erhalten sind. Dazu gehören unter anderem der Maschinenraum, die Brücke, das Schiffshospital und mehrere Mannschaftskabinen. Authentischer kann ein Schifffahrtsmuseum nicht sein. Ergänzend dazu wurden die ehemaligen Laderäume zu Ausstellungsflächen. Schwerpunktthema ist dabei der Schiffbau in der DDR. So gibt es beispielsweise ein Modell der Rostocker Neptun Werft oder eine Sammlung verschiedener Schiffsmotoren zu sehen. Auf dem Traditionsschiff kommen Technik- und Schifffahrtfans voll auf ihre Kosten. Aber auch für alle anderen ist der Spaziergang im Freilichtmuseum auf den Bootsstegen, zwischen den Schiffen, bis zur mittelalterlichen Werft ein besonderes Erlebnis.

Adresse Schmarl-Dorf 40, 18106 Rostock (Schmarl), www.schifffahrtsmuseum-rostock.de | **Anfahrt** A 20, Ausfahrt Rostock-West, B 103 Richtung Rostock-Warnemünde, Ausfahrt Richtung Hansemesse (B 105), rechts Richtung Schmarl Dorf/IGA Gelände | **Öffnungszeiten** April–Okt. Di–So 10–18 Uhr, Nov.–März 10–16 Uhr | **Tipp** In Schmarl liegt auch die MS Likedeeler. Als Jugendschiff bietet sie viele Aktivitäten für Kinder und Jugendliche an oder kann als schwimmendes Schullandheim gemietet werden.

54 Die Silohalbinsel

Das maritime Herz der Altstadt

Früher legten hier die Handelsschiffe an, die Waren aus Riga, Südschweden oder Oslo brachten und Exportwaren, insbesondere Bier, in den Ostseeraum verschifften. Seit den 1960er Jahren ist dies nicht mehr so. Der Stadthafen dient nur noch als Umschlagplatz für kleinere Schiffe. Denn damals wurde der Überseehafen am Breitling gebaut, dort, wo sich die Warnow kurz vor der Mündung lagunenartig auf 2,5 Kilometer verbreitert.

Seit der Wende legen im Stadthafen nur noch Ausflugsschiffe, Yachten oder andere kleinere Passagierschiffe an. Das eröffnete vielfältige Möglichkeiten an Land: Aus den ehemaligen Hafenflächen wurden moderne Bürokomplexe, Einkaufs-, Restaurant- und Flaniermeilen.

Wer es etwas ruhiger mag, hat aus der östlichen Altstadt nur wenige Schritte zu gehen, um die Silohalbinsel zu erreichen. Hier liegt der Schwerpunkt auf den Bürogebäuden, die moderne Glasfassaden mit historischer Industriearchitektur kombinieren und sich am Stil alter Silogebäude orientieren. Während drinnen geschäftiges Treiben herrscht, kann man draußen den herrlichen Blick auf die Unterwarnow und den Rest des Stadthafens genießen. Entweder auf der Terrasse eines Cafés oder den Sitzgelegenheiten an der Kaikante. Oder man steigt den AIDA-Mitarbeitern aufs Dach. Von dort aus hat man nämlich die beste Aussicht. Silo 4 heißt das Gebäude, in dem ein Teil der Zentrale des erfolgreichen Kreuzfahrtunternehmens sitzt und in dessen oberste Etage ein Restaurant mit demselben Namen eingezogen ist.

Mit dem neuen Stadthafen, der sich im Norden über die gesamte Länge der Altstadt entlang der Warnow erstreckt, ist Rostock ein Stück näher ans Wasser gerückt. Spazieren, Shoppen, Joggen, Essen und Ausgehen – alles ist jetzt direkt an der Promenade und trotzdem im Herzen der Stadt möglich. So ist nach dem Abzug des Hafens das Stadtzentrum wieder deutlich maritim geprägt.

Adresse Am Strande, 18055 Rostock (Stadtmitte) | Anfahrt A 20 bis Kreuz Rostock, A 19 Richtung Rostock, Ausfahrt Kessin, B 191 Richtung Rostock, links auf Mühlendamm, rechts auf Warnowstraße, links auf Am Strande | Tipp Aus der Blütezeit des Stadthafens stammt auch das Hausbaumhaus in der Wokrenterstraße 40. Es ist eines der ältesten erhaltenen Rostocker Kaufmannshäuser aus der Hansezeit.

55 Die Vicke-Schorler-Rolle

Wertvollstes Laienkunstwerk der Stadt

Friedrich Schorler, genannt Vicke, war ein wohlhabender Krämer im mittelalterlichen Rostock und offenbar sehr interessiert an seiner Stadt. Er verfasste eine Chronik, die das Rostocker Stadtgeschehen in den Jahren zwischen 1583 und 1625, seinem Todesjahr, darstellt. Aber auch schon als junger Mann schuf er ein einzigartiges Werk, das der Nachwelt sehr viel über das Rostock im 16. Jahrhundert erzählen sollte. Geschätzte neun Jahre lang verbrachte er seine freie Zeit damit, die »Wahrhaftige Abcontrafactur der hochloblichen und weitberuhmten alten See- und Hensestadt Rostock – Heuptstadt im Lande zu Meckelnburgk« anzufertigen.

Entstanden ist eine fast 19 Meter breite und 60 Zentimeter hohe Papierrolle, die eine Stadtansicht Rostocks zeigt, eingerahmt von benachbarten Kirchdörfern und der fürstlichen Residenz Güstrow. Dafür musste Schorler 127 Einzelblätter aneinanderkleben, die er sorgfältig mit Lineal und Zirkel, gemahlener Tonerde und Ruß sowie Wasserfarben bearbeitete.

Besonders beeindruckend ist die Detailtreue, mit der er arbeitete. Neben der Darstellung der wichtigsten und schönsten Gebäude achtete er auch auf Feinheiten wie Wetterhähne, Hauszeichen und Fassadengemälde. Sogar die Bürger der Stadt, die Händler auf dem Markt mit ihren unterschiedlichen Waren und raufende Hunde fanden Platz auf der Stadtansicht.

Die Vicke-Schorler-Rolle ist heute von unschätzbarem kulturhistorischen Wert. Gewährt sie uns doch einen Einblick ins mittelalterliche Rostock, das durch den großen Stadtbrand von 1677 und den Zweiten Weltkrieg sein Gesicht für immer verändert hat. Aus diesem Grund wird sie gut verschlossen im Stadtarchiv aufbewahrt und nur sehr selten der Öffentlichkeit gezeigt. An der Ostfassade der Volksbank hängt jedoch ein Bronzerelief, das eine Interpretation der Stadtansicht zeigt. Um einiges kleiner, aber dafür jederzeit frei zugänglich.

Adresse Glatter Aal, 18055 Rostock (Stadtmitte) | **Anfahrt** A 20 bis Kreuz Rostock, A 19 Richtung Rostock, Ausfahrt Kessin, B 191 Richtung Rostock, links auf Mühlendamm, links halten und weiter auf Ernst-Barlach-Straße, bei Steintor rechts abbiegen, gleich wieder links in Wallstraße, rechts auf Buchbinderstraße, die direkt auf das Bankgebäude zuführt | **Tipp** Führungen durch das historische Zentrum Rostocks bietet die Tourist-Information an, die sich am nahe gelegenen Universitätsplatz befindet.

56_Das Baaber Bollwerk

Fleißiger Fährmann

Um sich fit zu halten, sind viele Menschen nach der Arbeit oder am Wochenende in einem Sportverein oder Fitnessstudio aktiv. Der Fährmann auf der Baaber Bek kann seine Freizeit für andere Dinge nutzen. Er stählt seine Muskeln bereits während der Arbeitszeit, denn die kleine Fähre, die das Baaber Bollwerk mit dem Örtchen Moritzdorf verbindet, wird nur von Hand betrieben. Für 50 Cent pro Mann setzt das Ruderboot seine Passagiere ans andere, nur 50 Meter entfernte Ufer über. Damit ist es die kleinste Fähre der Welt – so sagt man zumindest hier.

Bevor die Fähre 1891 in Betrieb genommen wurde, war ein langer Umweg um den Selliner See herum notwendig, um ans gegenüberliegende Ufer der Baaber Bek zu gelangen. Deshalb sahen die Planungen von 1887 vor, dass eine Brücke den Badeort Baabe mit dem Nachbarort Moritzdorf verbinden sollte, was aber nie realisiert wurde. Moritzdorf war 1841 durch den Fürsten Wilhelm Malte zu Putbus gegründet worden, damit sich hier Fischer, Bootsbauer und andere Handwerker niederlassen konnten. Der kleine Naturhafen am Baaber Bollwerk war der ideale Anlegeplatz für die Fischerboote. Von hier aus ging es für sie über die Baaber Bek nach Norden auf den Selliner See oder südlich in die Having, einen Teil des Rügischen Boddens. Beide gehören zu den fischreichsten Gewässern Rügens, wo auch die berühmten Boddenhechte gefangen werden können.

Noch heute gibt es in Moritzdorf viele schöne reetgedeckte Häuser aus der Gründungszeit des Ortes. Deshalb nutzen so viele der Touristen, Fußgänger und Radler, die aus Baabe ans Bollwerk kommen, die kleine Fährverbindung. Im Sommer wird bis zu 100 Mal an einem Tag ans andere Ufer gerudert. Aber auch die wunderschöne Landschaft am Fluss und die Möglichkeit, mit Segelbooten im Hafen anzulegen oder mit dem Ausflugsschiff in die Having oder bis zur Insel Vilm zu fahren, ziehen viele Gäste an.

Adresse Bollwerkstraße, 18586 Ostseebad Baabe | **Anfahrt** B 96 nach Rügen, bei Bergen rechts auf B 196, nach Durchfahrt von Baabe rechts ab auf Bollwerkstraße | **Tipp** In Baabe befindet sich auch das Fischermuseum. Auf 600 Hektar Außenfläche werden alte Boote und Produktionsmaschinen der Fischer gezeigt. Die Anlage ist jederzeit frei zugänglich.

57 Der Baumwipfelpfad

Walderlebnis aus anderer Perspektive

Rügen – das weckt zuallererst Assoziationen von feinem Sandstrand und schroffen Kreidefelsen. Aber auch im Hinterland hat die Insel sehr viel Natur zu bieten, und ausgedehnte Wälder gehören mit dazu. Im Osten, zwischen dem kleinen Jasmunder Bodden und der Ostsee, kann man einen dieser Wälder aus einer ganz anderen Perspektive erkunden: aus luftiger Höhe zwischen den Baumwipfeln. Eine 1,80 Meter breite Rampe schraubt sich spiralförmig nach oben, bis man sich auf Augenhöhe mit den Baumkronen befindet. Sanft ansteigend, immer nur so steil, dass auch rollstuhlfahrende und kinderwagenschiebende Besucher gut mitkommen. Dann führt der mehr als ein Kilometer lange Steg in bis zu 17 Metern Höhe durch den Buchenmischwald.

Sehen wie ein Adler? Die Geräusche des Waldes ganz deutlich wahrnehmen? Verschiedene Vogelnester entdecken? Die unterschiedlichen Erlebnisstationen auf dem Baumwipfelpfad machen es möglich. Das Highlight ist aber unangefochten der Adlerhorst. 40 Meter hoch ist die Aussichtsplattform, von der aus man einen grandiosen Ausblick auf die Ostsee, die Boddenlandschaft und die weitläufigen Waldflächen hat. Aber auch hier gilt: Der Weg ist das Ziel. Denn der Pfad bleibt trotz der zu bewältigenden Höhen, in die es hinaufgeht, weiterhin barrierefrei. So benötigt es 600 Meter, in denen es gemächlich Runde um Runde nach oben geht. Dabei werden zunächst der Stamm und später die ausladende Krone einer mächtigen, 30 Meter hohen Buche umrundet.

Der Baumwipfelpfad ist Teil des »Naturerbe Zentrums Rügen«. In der Erlebnisausstellung wird nicht nur allerlei Wissenswertes über den Lebensraum Wald, sondern auch über Offenlandschaften wie Wiesen, Heideflächen und Felder sowie über Sumpfe und Moore vermittelt. Außerdem gibt es eine Reihe spannender Führungen – im Naturerlebniszentrum, auf dem Baumwipfelpfad sowie in der Umgebung. Und das nicht nur tagsüber, sondern auch im Mondschein.

Adresse Forsthaus Prora 1, 18609 Ostseebad Binz (Prora), www.nezr.de | Anfahrt B 96 nach Rügen, bei Bergen rechts auf B 196, bei Karow links Richtung Prora, das Naturerbe Zentrum befindet sich kurz vor Prora auf der rechten Seite | Öffnungszeiten täglich Mai–Sept. 9.30–19 Uhr, April, Okt. 9.30–18 Uhr, Nov.–März 9.30–16 Uhr; Kassenschluss jeweils eineinhalb Stunden vorher | Tipp In direkter Nachbarschaft befindet sich das Forsthaus Prora, das vor Kurzem aufwendig saniert wurde.

58 Die Feuersteinfelder

Geschütztes Kieselsteinbett

Wie kann ein Geröllhaufen unter Naturschutz gestellt und als Naturereignis von internationalem Rang eingeordnet werden? Wer in die Schmale Heide südlich von Mukran fährt, dem erklärt sich das von selbst. In dem über 40 Hektar großen Naturschutzgebiet sind außergewöhnlich große Ansammlungen von Feuersteinknollen zu finden. Diese sehen auf den ersten Blick wie ganz gewöhnliche Kieselsteine aus – und genau genommen sind sie auch nichts anderes. Nur dass sich diese Sorte von Kieseln bei Schlägen leicht aufspalten lässt und dabei recht scharfe Kanten bildet. Darum wurde er auch in der Steinzeit als Material für Schneidwerkzeuge oder Waffen verwendet.

In der Schmalen Heide haben sich so viele dieser speziellen Kiesel angesammelt, dass die Feuersteinfelder auch als »Steinernes Meer« bezeichnet werden. Auf einer Länge von zwei Kilometern erstrecken sich die 14 hintereinanderliegenden und einen Meter mächtigen Geröllwälle parallel zur Ostsee. Eingerahmt von dichtem Baumbewuchs und Wucherungen von Heidekraut sind die Feuersteinfelder eine echte Besonderheit. Schließlich ist Feuerstein als festes Muttergestein in Deutschland nur auf Rügen und an vier weiteren küstennahen Bereichen von Nord- und Ostsee zu finden. Die Felder in der Schmalen Heide zählen nicht dazu. Hierhin sind die Feuersteine lediglich transportiert worden. Sie stammen aus Abbrüchen der berühmten Kreidefelsen, die ein wenig weiter nördlich auf der Halbinsel Jasmund liegen. Diese Kreideablagerungen im Meer wurden durch mehrere Sturmfluten vor 3.500 bis 4.000 Jahren hier angespült. Und das in solchen Massen, dass der NABU (Naturschutzbund Deutschland) dieses Gestein als so schützenswert ansieht, dass zu seiner Erhaltung die wuchernde Vegetation, die in der Schmalen Heide im 19. Jahrhundert zwischen den Feuersteinfeldern angepflanzt wurde, regelmäßig zurückgeschnitten wird. Die vielen Wanderer, die gerne hierherkommen, freut es.

Adresse 18609 Ostseebad Binz (Prora) | **Anfahrt** A 20, Ausfahrt Stralsund, B 96 nach Rügen, bei Bergen rechts auf B 196, bei Karow links Richtung Prora, an der Straßengabelung links halten, bis zum Parkplatz der Feuersteinfelder, weiter zu Fuß | **Tipp** Nicht weit entfernt ist Sassnitz, wo man im Stadthafen die Erlebniswelt U-Boot findet. Dort kann man mit der »Otus« ein 90 Meter langes U-Boot besichtigen.

59__Die Granitz

Vom Jagdrevier zum Naturschutzgebiet

Zwischen Binz und Sellin erstreckt sich das größte zusammenhängende Waldgebiet der Insel Rügen – die Granitz. Unter Buchen und Traubeneichen kann man auf dem Höhenweg entlang der Steilküste eine Wanderung zwischen den beiden Seebädern unternehmen und zwischen den Bäumen hindurch einen etwas anderen Ausblick auf die Ostsee genießen.

Von hier aus lohnt sich auch ein Abstecher zum Schwarzen See, der im Uferbereich von Moorflächen begrenzt wird. Der See und seine direkte Umgebung sind eine der Kernzonen im Biosphärenreservat Südost-Rügen, was bedeutet, dass hier besonders strenge Naturschutzvorgaben bestehen.

Der Rest der fast 1.000 Hektar großen Granitz gehört ebenfalls zum Naturschutzgebiet. Darum gibt es hier zwar Wander- und Radfahrwege, aber keine öffentlichen Straßen. Auch nicht zum Tempelberg, der mit seinen 107 Metern die höchste Erhebung in der Granitz ist. Und das, obwohl ihn jedes Jahr rund 150.000 Menschen besuchen. Die kommen aber nicht nur wegen der schönen Aussicht, sondern um einen Blick auf und in das fürstliche Schloss zu werfen, das sich Wilhelm Malte I. zu Putbus ab 1837 hier errichten ließ. Damals gab es das Wort »Naturschutz« noch lange nicht, und so war die Granitz als exzellentes Jagdrevier bekannt. Das Gebäude diente der fürstlichen Familie und ihren Gästen während der Jagd als angemessene Residenz. Wie ein Märchenschloss thront es mit seinen vier Ecktürmchen auf der Bergkuppe inmitten des Waldes. Im Zentrum des Gebäudes ragt ein 47 Meter hoher Aussichtsturm empor. Wer die 154 Stufen seiner Wendeltreppe erklimmt, kann von oben fast die gesamte Insel überblicken. Und das gegenüberliegende Granitzhaus. Es war der etwas bescheidenere Vorgängerbau des Schlosses. Früher fand man hier ein Quartier während der Jagd. Und heute? Erfährt man hier alles über den Schutz der Tiere und Pflanzen der Granitz.

Adresse 18609 Ostseebad Binz, www.granitz-jagdschloss.de | Anfahrt A 20, Ausfahrt Stralsund, B 96 nach Rügen, bei Bergen rechts auf B 196, bei Serams links abbiegen, rechter Hand liegt der Besucherparkplatz für das Jagdschloss, von hier aus geht es zu Fuß oder mit dem »Jagdschlossexpress« weiter | Öffnungszeiten Mai–Sept. täglich 9–18 Uhr, Okt., April täglich 10–17 Uhr, Nov.–März Di–So 10–16 Uhr | Tipp Am Schmachter See in Binz befindet sich der »Park der Sinne«. 2003 als Außenstelle der IGA Rostock angelegt, empfängt er seine Besucher mit verschiedenen Themengärten und besonderen Baumarten.

60__Der Rettungsturm

Architektonischer Donnergurgler

Was bitte schön sind denn Hypar-Schalenbauten? Etwa eine Erfindung von Douglas Adams am Ende des Universums? Weit gefehlt. Und doch erinnern die futuristischen Hypar-Schalenkonstruktionen des Rüganer Architekten Ulrich Müther an Science-Fiction.

Mit Hilfe von komplizierten mathematischen Formeln gelang es Müther in den 60er Jahren, Beton direkt auf die sogenannte Bewehrungskonstruktion aufzubringen. Hypar-Schalen bestehen aus einem Netz von Stahlträgern, das aus Geraden zweifach gekrümmte Flächen erzeugt. Zugegeben, das klingt furchtbar technisch. Ein Blick auf die Bauten von Ulrich Müther lohnt jedoch allemal. Über 50 Konstruktionen entstanden unter seiner Führung oder Mitwirkung. Die bekanntesten sind das Berliner Ahornblatt, das Zeiss-Planetarium Berlin, der Teepott in Warnemünde, Bauten in Helsinki, Kuwait und Libyen oder eben seine kleinsten Bauwerke, die Rettungstürme in Binz. An nicht wenigen seiner Bauten nagt bereits der Zahn der Zeit, dennoch genießt Müther in der Architektenszene Kultstatus.

Rettungstürme? Bis in die 90er Jahre existierten zwei dieser architektonisch imposanten Türme inmitten der Dünen am Strand von Binz. Während der eine einer schnöden DLRG-Hütte im Zuge des Baus der Seebrücke weichen musste, befindet sich der andere auch heute noch direkt am Strandaufgang 6. Und wenn man so vor ihm steht, diesem aus Ferrozement gegossenen Turm, fällt einem unweigerlich wieder Douglas Adams ein. Der Turm wirkt wie eines dieser Flugobjekte, die er durch die Galaxis kreisen ließ.

2006, ein Jahr vor Ulrich Müthers Tod, bezog eine Außenstelle des Binzer Standesamts den Rettungsturm. Durch die großen Fensterfronten bietet sich dem Brautpaar ein einzigartiger Blick auf die Ostsee. Das besondere Strandgefühl für die Hochzeitspaare wird durch den feinen Binzer Strandsand auf dem Fußboden des Turms abgerundet.

Adresse Strandpromenade (Strandzugang 6), 18609 Ostseebad Binz | Anfahrt A 20, Ausfahrt Stralsund, B 96 nach Rügen, bei Bergen rechts auf B 196, bei Serams links abbiegen, links auf Bahnhofstraße, rechts auf Klünderberg, rechts auf Putbuser Straße, bis zur Ecke Strandpromenade fahren | Tipp In Binz sollte man unbedingt einen Spaziergang an der Strandpromenade unternehmen und die prachtvolle Bäderarchitektur genießen.

61 Das Seebad Prora

Gigantomanie am Ostseestrand

Die Prorer Wiek ist eine wunderschöne weitläufige Bucht im Osten Rügens. An den feinkörnigen Sandstrand schließen sich die Heidelandschaft der Schmalen Heide und die bewaldeten Hügel der Prora an, die wiederum vom Kleinen Jasmunder Bodden begrenzt werden.

Der ideale Ort, um dort seinen Urlaub zu verbringen, sich zu erholen und Kraft zu tanken. Das dachten sich auch die Nationalsozialisten. Sie planten, an genau dieser Stelle ein Seebad zu errichten, in dem 20.000 Menschen gleichzeitig untergebracht werden konnten. Nur 150 Meter vom Strand entfernt sollten alle Urlauber ein Zimmer mit Meerblick erhalten. Acht der neun geplanten Blöcke wurden errichtet und teilweise sogar fertiggestellt, bevor die Bauarbeiten bei Kriegsbeginn im Jahr 1939 gestoppt wurden. Die 4,5 Kilometer lange »Kraft durch Freude«-Anlage erhielt schnell den Beinamen »Koloss von Prora« und zeugt davon, wie das NS-Regime Einfluss auf die Freizeitgestaltung der Bürger nehmen und sie zu Propagandazwecken nutzen wollte.

Heute steht der Gebäudekomplex unter Denkmalschutz, wobei Zustand und Nutzung der einzelnen Blöcke sehr unterschiedlich sind. Block V überstrahlt frisch saniert mit weißer Fassade sein Umfeld. 2011 eröffnete hier eine Jugendherberge mit insgesamt 418 Betten. Andere Bereiche dienen als Dokumentationsstätte oder Ausstellungsflächen für geschichtliche und politische Bildung. Zwischenzeitlich existierte sogar eine »Museumsmeile Prora« in Block III. Diese musste jedoch ausziehen, da der Block an einen Privatinvestor verkauft wurde. Zwei Blöcke im Norden sind nach Versuchssprengungen durch die Sowjetarmee halb zerfallen.

Langfristig soll Prora mit Leben gefüllt werden. Die Investoren, die die unterschiedlichen Blöcke erstanden haben, planen hier unter anderem Hotelzimmer, altersgerechte Wohnungen und ein Einkaufszentrum einzurichten. Es bleibt spannend.

Adresse Mukraner Straße, 18609 Ostseebad Binz (Prora) | Anfahrt A 20, Ausfahrt Stralsund, B 96 nach Rügen, bei Bergen rechts auf B 196, bei Karow links Richtung Prora, an der Straßengabelung links halten, 1. Möglichkeit rechts und anschließend gleich links abbiegen auf Mukraner Straße | Tipp Im Oldtimer Museum Rügen in Prora werden nicht nur historische Pkws sondern auch Feuerwehrfahrzeuge und Eisenbahnen gezeigt.

62_ Groß Zicker

Dörfchen unter Denkmalschutz

Die Halbinsel Mönchgut ist der äußerste südöstliche Zipfel von Rügen. Mit ihren schmalen Landzungen, der unberührten Natur und den alten Fischerdörfern ist sie der Ruhepol der Insel. Besonders idyllisch wird es auf der »vorletzten« Landzunge, wenn man das Mönchgut von Norden kommend erkundet. Hier liegt das Gemeindegebiet von Gager, zu dem das Dörfchen Groß Zicker gehört. An einer Bucht auf der Boddenseite gelegen, ist es allein schon wegen seiner Reetdachhäuser eine wahre Augenweide. Hier scheint die Zeit stehen geblieben zu sein. Und hier gibt es nur eine einzelne Straße – die Boddenstraße. Auf einem Streifzug durch das ehemalige Fischerdorf ist die Pfarrkirche aus Backstein und Holz besonders sehenswert. Das aus dem 14. Jahrhundert stammende Gotteshaus ist das älteste Gebäude auf der Halbinsel und bestand schon, als dieser Landstrich noch zum Kloster Eldena gehörte. Von außen eher schlicht gehalten, offenbart sie ihre Schönheit, wenn man ins Innere tritt.

Ein Stück weiter findet man das Pfarrwitwenhaus. Es ist das älteste Wohnhaus der Insel und wurde 1719/20 auf Anordnung des dänischen Königs Friedrich IV. erbaut. Er lehnte nämlich die bislang übliche Praxis ab, die Versorgung der Pfarrwitwen zu sichern, indem ein lediger Pfarrer den Posten seines Vorgängers einnahm und dessen Witwe oder seine Tochter heiratete. Er setzte einen verheirateten Pfarrer ein und erbaute ein Haus, in dem künftig die verwitweten Pfarrersfrauen leben konnten. Heute ist in dem Gebäude ein Museum eingerichtet.

Aber das Dorf Groß Zicker ist nicht nur seiner selbst wegen unbedingt sehenswert, sondern auch wegen der umliegenden Landschaft. Nördlich erstreckt sich nämlich eine wunderschöne und »aussichtsreiche« Hügellandschaft, auf der unzählige Schafe weiden. Die Menschen hier tauften die bis zu 66 Meter hohe Erhebung selbstbewusst auf den Namen »Zickersche Alpen«.

Adresse Boddenstraße, 18586 Gager (Groß Zicker) | **Anfahrt** A 20, Ausfahrt Stralsund, B 96 nach Rügen, bei Bergen rechts auf B 196, nach der Durchfahrt von Baabe die B 196 Richtung Middelhagen/Mönchgut verlassen, Hauptstraße Richtung Thiessow folgen, nach Durchfahrt von Lobbe rechts auf Boddenstraße, bis Groß Zicker folgen | **Tipp** Im Südteil der Halbinsel befindet sich das Zickersche Höft. Eine Steilküste, an der man schöne Wanderungen unternehmen und die Aussicht auf die Ostsee mit zwei Findlingen genießen kann.

63__Der Buskam

Eiszeitlicher Granit-Koloss

Findlinge – das sind diese großen Steine, die während der Eiszeiten mit Gletschermassen transportiert und abgelegt wurden – gibt es in Norddeutschland einige. Aber keiner von ihnen ist so groß wie der Buskam, der vor der Küste Rügens, 350 Meter vom Göhrener Strand entfernt, liegt. Je nach Wasserstand ragt er einen halben bis anderthalb Meter aus dem Wasser heraus und lässt seine Dimensionen erahnen. Bislang wurde sein Volumen von 600 Kubikmetern mit einem stattlichen Gewicht von 1.600 Tonnen angegeben. Neuere Messungen zweifeln diese Dimensionen allerdings an. Demnach könnte er nur 550 Tonnen wiegen, was aber immer noch so viel ist wie ungefähr 110 stattliche Elefantenbullen.

Unbestritten ist hingegen, dass die Zusammensetzung des Granits, aus dem er besteht, dem des Hammergranits entspricht, der auch auf der Insel Bornholm vorkommt. Wodurch auch geklärt wäre, welchen Weg der Findling während der Eiszeit zurückgelegt hat, als er von Gletschermassen aus dem Norden mitgebracht und an seinem heutigen Standort abgelegt wurde. Zunächst lag der Buskam aber nicht im Wasser, sondern auf dem Festland. Erst als während der Jungsteinzeit der Meeresspiegel im Ostseeraum auf das heutige Niveau anstieg, wurde der Stein zur Mini-Insel und zum beliebten Rastplatz für Wasservögel. Und zu einer echten Besonderheit, die die Menschen schon immer faszinierte.

Der Name Buskam soll demnach aus dem altslawischen »bogis kamen« entstanden sein, was so viel wie Gottesstein heißt. Und schon während der Bronzezeit sollen die Menschen ihn als Kultstätte verehrt haben. Die Entstehung der kleinen Aushöhlungen auf der Oberfläche wird ihnen zugeschrieben. Und noch bis zum 20. Jahrhundert sollen frisch vermählte Paare hier ihren Hochzeitswalzer getanzt haben. Wie sie mit ihren Booten heil an den anderen Steinen vorbeikamen, die den Buskam unter Wasser umgeben, ist allerdings nicht überliefert.

Adresse Nordstrand, 18586 Ostseebad Göhren | **Anfahrt** A 20, Ausfahrt Stralsund, B 96 nach Rügen, bei Bergen rechts auf B 196, kurz vor Göhrener Ortseingang links auf Bahnhofstraße und bis Strandnähe fahren | **Tipp** Der Buskam liegt vor der Küste des Nordperd. Auf dieser bewaldeten Landzunge liegt der östlichste Punkt Rügens.

64 Das Steilufer

Kleinod in Gefahr

Das Örtchen Lohme im Norden der Halbinsel Jasmund hat sich den Charme eines Fischerdörfchens bewahrt und optisch nicht viel gemeinsam mit den weiter südlich gelegenen mondänen Seebädern. Kaum zu glauben, dass ausgerechnet dieser Ort einst das erste Seebad Rügens war.

1855 wurde hier der Kur- und Badebetrieb eingeführt und erfreute sich zunächst großer Beliebtheit. Die schöne Lage am Steilufer, der Weitblick auf das Kap Arkona, die Kreidefelsen an der Küste und die Buchenwälder im Hinterland waren die Vorzüge des kleinen Seebades. Außerdem war es an das Schienennetz der Reichsbahn angebunden. Erst später, als der Badebetrieb nicht mehr über Badehäuschen direkt am Meer stattfand und die Gäste sich breiten und feinen Sandstrand wünschten, liefen die heute bekannten Seebäder Lohme den Rang ab. Zum Glück, möchte manch einer sagen, der es etwas ruhiger mag und sich dafür umso mehr für die eindrucksvolle Natur begeistern kann.

Doch gerade die traumhafte Lage am Steilufer, die Lohme ausmacht, bereitet dem Ort auch die größten Schwierigkeiten. Dass heute nicht mehr viel von seiner Geschichte als beliebtes Seebad zu sehen ist, liegt an den Abbrüchen, die es jedes Jahr am Hang gibt. Denn die prächtigen Villen wurden seinerzeit direkt an oder in die Steilküste gebaut und sind den Abtragungen durch Wind und Wetter zum Opfer gefallen. Auch in der jüngeren Geschichte hat die Abbruchkante den Menschen, die hier leben und arbeiten, schwer zu schaffen gemacht. Im Jahr 2005 rutschte der Hang auf mehr als 100 Metern Breite ab und hätte um ein Haar einzelne Gebäude eines Diakonieheimes in die Tiefe gerissen. 2008 wurde der gesamte Hafen- und Steilküstenbereich gesperrt, da ein neuer Rutsch drohte. Dank umfassender Sicherungsmaßnahmen ist dieses Kapitel nun hoffentlich Geschichte, und an der Lohmer Steilküste kann man wieder im Café sitzen und den Blick auf den kleinen Hafen genießen.

Adresse Zum Hafen, 18551 Lohme | **Anfahrt** A 20, Ausfahrt Stralsund, B 96 nach Rügen, geradeaus Richtung Sagard (B 96 verlassen), links Richtung Bobbin, rechts nach Baldereck, links nach Salsitz, rechts auf Arkonastraße, links auf Zum Hafen | **Tipp** Zu Lohme gehört auch das wunderschön und grün gelegene Schloss Ranzow, das heute als Hotel genutzt wird. Wer es sich leisten kann, genießt hier Wellnessanwendungen, kulinarische Köstlichkeiten oder spielt Golf mit Blick auf die Ostsee.

65 Das Badehaus Goor

Ursprung der Bäderkultur

Putbus ist mit seinen klassizistischen Bauten und den vielen Rosenstöcken vor den historischen Häusern ein wahres Schmuckstück. Verlässt man die Stadt in südöstlicher Richtung, führt eine zwei Kilometer lange, schnurgerade Allee zu einem weiteren Juwel. Ein lang gestrecktes schneeweißes Gebäude, das mit klassizistischer Fassade und 18 dorischen Säulen beeindruckt.

Fürst Wilhelm Malte I. zu Putbus ließ es 1817/18 als Badehaus für seine Residenzstadt errichten. Der Fürst hatte nämlich 1815 den Plan gefasst, Putbus, das bis dahin nur aus Schloss und Gutshof bestand, zu einer Stadt und Rügens erstem Seebad auszubauen. Da Putbus nicht unmittelbar am Wasser lag, wurde der Badebetrieb ausgelagert. Wilhelm Malte wählte dafür einen idyllischen Ort, angrenzend an das kleine Waldgebiet der Goor, in Nachbarschaft zum Örtchen Lauterbach und direkt an einer Bucht des Greifswalder Boddens gelegen. Hier erbaute er das 50 Meter lange Badehaus, das in der zweiten Hälfte des 19. Jahrhunderts als eines der stilvollsten und vornehmsten in Europa galt. Hochrangige Persönlichkeiten wie Fürst Otto von Bismarck oder Alexander von Humboldt kamen hierher, um sich zu erholen.

Für Putbus sind die Pläne des Fürsten aufgegangen. Aus der Schlossanlage ist innerhalb von vier Jahrzehnten ein hübsches Städtchen geworden, das noch heute als einer der schönsten Orte Rügens gilt.

Für das Badehaus ist es langfristig nicht ganz so gut gelaufen. Nach seiner Blütezeit waren die Gästezahlen nicht so hoch wie erwartet. Schon zur Jahrhundertwende beklagte die englische Schriftstellerin Elizabeth von Arnim in ihren Reiseaufzeichnungen die langsam verfallende Bausubstanz des einst so noblen Hauses. Mittlerweile erstrahlt es in neuem Glanz und wurde baulich erweitert. Jetzt beherbergt es wieder gut betuchte Gäste, die sich im 600 Quadratmeter großen Wellness- und Badebereich erholen.

Adresse Fürst-Malte-Allee 1, 18581 Putbus (Lauterbach) | Anfahrt A 20, Ausfahrt Stralsund, B 96 nach Rügen, bei Samtens rechts Richtung Garz, weiter auf Lange Straße, links auf Lindenstraße, rechts auf Putbuser Straße, am Circus rechts halten auf Bahnhofstraße, rechts auf Lauterbacher Straße, die direkt auf das Badehaus zuführt | Tipp In der Segelschule Goor, Vilmnitzer Weg 16, kann man ein Segelschiff chartern und den Bodden erkunden.

66__Der Rasende Roland

Auf schmaler Spur zu den Seebädern

Es ist jedes Mal beeindruckend, wenn man im Südosten der Insel Rügen unterwegs ist und die Stille der Landschaft durch das charakteristische Pfeifen und Stampfen einer Dampflok unterbrochen wird. Und das ist recht häufig der Fall, denn die Rügensche Kleinbahn verkehrt in den Sommermonaten stündlich zwischen den Seebädern, die sie miteinander verbindet. Von Göhren über Sellin und Binz bis Putbus bahnt sich der »Rasende Roland« schnaubend seinen Weg und taucht die Umgebung in den unverwechselbaren Geruch von verbrannter Kohle. Und das tut er schon seit 1895, als der erste Streckenabschnitt zwischen Putbus und Binz eröffnet wurde. In den Folgejahren wurde die Strecke bis Göhren verlängert und eine Verbindung von Bergen bis Altenkirchen eingerichtet. Von Beginn an war die Strecke zwischen den Badeorten im Südosten jedoch die wirtschaftlichere, und so konnte hier der Betrieb bis heute aufrechterhalten werden.

Während der Roland so durch die Landschaft dampft, mag sich manch einer die Frage stellen, wieso er eigentlich als »rasend« bezeichnet wird. Denn die Kleinbahn legt ein eher gemütliches Tempo vor. Genaue Belege für die Namensgebung gibt es keine, die Bahn soll ihren Beinamen jedoch in den 1950er bis 60er Jahren erhalten haben. Damals kamen viele Kumpel der Wismut-Bergwerke, die im Uranabbau tätig waren, zum Erholungsurlaub nach Rügen. Die Dampflok musste sich mit den langen und voll besetzten Bäderzügen an den Steigungen im Waldgebiet der Granitz ordentlich abmühen. Außerdem waren die Gleisanlagen damals noch schlechter, wodurch der Zug insgesamt langsamer fahren musste. Und so ist der »Rasende Roland« wohl eher als ironische Bezeichnung für die Kleinbahn entstanden. Ein scherzhaft verpasster Name, der schnell die Runde machte und noch 50 Jahre später bekannter ist als die offizielle Bezeichnung, die eigentlich »Rügensche Bäderbahn« lautet.

Adresse Bahnhofstraße 14, 18581 Putbus, www.ruegensche-baederbahn.de | Anfahrt A 20, Ausfahrt Stralsund, B 96 nach Rügen, bei Samtens rechts Richtung Garz, weiter auf Lange Straße, links auf Lindenstraße, rechts auf Putbuser Straße, am Circus rechts halten auf Bahnhofstraße, Putbus bietet sich als Startpunkt für die Fahrt im Roland an | Tipp Auf dem Weg nach Putbus lohnt ein Zwischenstopp in Garz. In dem gemütlichen Kleinstädtchen gibt es unter anderem einen mächtigen slawischen Burgwall zu sehen, von dem vermutet wird, dass es sich um den sagenhaften Fürstensitz Charenza handeln könnte.

67 Der Schlosspark

… ohne Schloss

Die Keimzelle des wunderschönen Städtchens Putbus, das 1810 von Fürst Wilhelm Malte gegründet wurde, ist das gleichnamige Schloss. Schon im 14. Jahrhundert wurde eine Burganlage an dieser Stelle erwähnt. Heute ist davon nichts mehr zu sehen, außer ein paar Metallpfosten, welche den Standort und die Umrisse des Gebäudes markieren sollen. Geblieben sind die wunderschöne Residenzstadt und der 75 Hektar große Schlosspark – eine der prächtigsten Grünanlagen auf der Insel Rügen.

Genau wie beim Schloss, wenn es nicht in den 1960er Jahren gesprengt worden wäre, und der Stadt geht auch die heute sichtbare Gestalt des Schlossparks auf Wilhelm Malte I. zu Putbus zurück. Der rührige Fürst hatte seine ganz konkreten Vorstellungen, wie seine Residenz und ihr Umfeld auszusehen hatten. Auf seinen Reisen sammelte er offenbar besonders viel Inspiration in England. So ließ er den Putbusser Circus nach dem gleichnamigen Vorbild aus dem englischen Bath erbauen. Und der Schlosspark, den sein Großvater rund 100 Jahre zuvor im französischen Stil angelegt hatte, wurde auf seinen Wunsch zu einem englischen Landschaftsgarten umgestaltet. Über 30 Angestellte hegten und pflegten die ausgedehnten Rasenflächen und vielen ausländischen Gehölze, die der Fürst pflanzen ließ. Es entstanden Sichtachsen bis zum Rügischen Bodden, es wurde ein Wildgehege angelegt sowie ein Vogel- und ein Affenhaus errichtet.

Heute beeindruckt der Park durch besondere Baumarten, wie seine Riesen-Mammutbäume, nordamerikanischen Tulpenbäume oder Ginkgo. Auch eine echte Seltenheit ist zu sehen: eine Buche mit zwei verschiedenen Blattarten. Die Besucher können die Ruhe am Schwanenteich genießen, die Schlosskirche besichtigen, Kunstausstellungen in der ehemaligen Orangerie besuchen und anschließend eine Stärkung im Restaurant, das in den sanierten Marstall eingezogen ist, zu sich nehmen. Oder einfach nur das satte Grün genießen.

Adresse Alleestraße 35, 18581 Putbus | **Anfahrt** A 20, Ausfahrt Stralsund, B 96 nach Rügen, bei Samtens rechts Richtung Garz, weiter auf Lange Straße, links auf Lindenstraße, rechts auf Putbuser Straße, am Circus rechts halten auf Bahnhofstraße, rechts auf Lauterbacher Straße, rechts auf Wreechener Weg, rechts zum Park | **Tipp** Im Park ist auch das 1867 erbaute Mausoleum der Familie von Putbus erhalten geblieben, das im frühgotischen Stil errichtet wurde.

68_Der Stresower Strand

Kleine Schlacht mit großer Wirkung

Groß Stresow ist ein beschauliches Dörfchen in einer Bucht des Rügischen Boddens. Kleine Reetdachhäuser, sattgrüne Felder und Wiesen und ein niedlicher Strand, an dem es auch im Sommer nicht überfüllt ist. Bei strahlend blauem Himmel kann man sich nicht vorstellen, dass irgendetwas diese Idylle trüben könnte. Aber vor fast genau 300 Jahren war hier gar nichts idyllisch. Es herrschte der Große Nordische Krieg, in dem das Schwedische Reich versuchte, gegenüber den restlichen Anrainerstaaten die Vormachtstellung im Ostseeraum zu erlangen. Und so landeten am Abend des 15. November 1715 fast 20.000 Soldaten aus einer Allianz von preußischen, dänischen und sächsischen Truppen am Strand bei Stresow, um die Insel Rügen und im weiteren Verlauf das von den Schweden besetzte Stralsund einzunehmen. Kein Geringerer als der schwedische König Karl XII. selbst machte sich aus Stralsund auf, um in den Morgenstunden des 16. November dem Angriff direkt am Strand zuvorzukommen. Doch er unterschätzte die Stärke der alliierten Truppen und kam mit einem kleinen Aufgebot an Kavallerie und Infanterie nicht gegen sie an. Nach nur einer Stunde schweren Gefechts musste er hohe Verluste beklagen und brach das Unterfangen ab. In der Folge konnten Dänen, Preußen und Sachsen die Insel Rügen ohne Schwierigkeiten einnehmen und die Festung Stralsund von zwei Seiten belagern. Am 23. Dezember kapitulierte die schwedische Besatzung schließlich.

Das kurze, aber blutige Gefecht am Strand von Groß Stresow war entscheidend für den Pommernfeldzug, in dem alle norddeutschen Gebiete, die sich noch in Besitz der Schweden befanden, erobert und endlich die mehrfach erfolglos belagerte Festung Stralsund eingenommen werden sollte.

Heute geht es am Stresower Strand viel ruhiger zu. Und da man ihn als Geheimtipp auf Rügen bezeichnen kann, muss man nicht einmal um den besten Liegeplatz kämpfen.

Adresse 18581 Putbus (Groß Stresow) | **Anfahrt** A 20, Ausfahrt Stralsund, B 96 nach Rügen, bei Bergen rechts auf B 196, nach Serams rechts Richtung Putbus, links nach Groß Stresow zum Strand | **Tipp** Vom Stresower Strand kann man die kleine Insel Vilm sehen. Sie steht unter Naturschutz, ist aber von März bis September täglich für bis zu 30 Besucher im Rahmen einer Führung zugänglich (Anmeldung unter www.vilmexkursion.de).

69_Das Uhrenmuseum

Ein privates Lebenswerk

Ein privates Museum der besonderen Art findet man in Putbus. Über 1.000 Uhren und Musikgeräte hat der Museumsgründer Franz Sklorz zeit seines Lebens gesammelt.

1999 eröffnete er dann sein eigenes Uhrenmuseum, um seine Schätze der Öffentlichkeit zu präsentieren. Franz Sklorz hatte einst seinen Beruf zum Hobby gemacht: Als gelernter Uhrmacher und Restaurator saß er quasi an der Quelle für historische und außergewöhnliche Zeitmesser. Oftmals tauschte er reparierte Uhren gegen defekte Exemplare, die etwas Besonderes waren, ein, oder er erwarb seine Exponate durch glückliche Gelegenheitskäufe.

So wuchs die Sammlung von Armbanduhren, Standuhren, Wanduhren, Tischuhren und Sonnenuhren stetig an. Sie hat aber auch einige Raritäten und Kuriositäten zu bieten. Wie zum Beispiel die oft bestaunte echte Spionenuhr, die aus den 1940er Jahren stammt. Es handelt sich dabei um eine Armbanduhr, die mit einem Mikrofon versehen ist und an ein Ton-Aufnahmegerät angeschlossen werden kann. Es war also nicht alles nur Hollywood-Phantasie, was bei James Bond gezeigt wurde.

Das Schmuckstück vor dem Museumsgebäude, eine klassizistische Biedermeieruhr mit Figuren, die sich automatisiert bewegen, ist allerdings kein antikes Original. Und trotzdem ist sie etwas ganz Besonderes: Franz Sklorz hat sie eigenhändig nach historischen Vorlagen gebaut. Somit haben Uhr und Ausstellung etwas gemeinsam: Ohne den passionierten Uhrensammler wären sie nie entstanden. Und auch nach dessen Tod lebt das Museum weiter. Durch seine Frau, die das Erbe ihres Mannes bewahrt.

Nun ist es Elfriede Sklorz, die die Besucher mit viel Herzlichkeit und ebenfalls einer gehörigen Portion Fachwissen empfängt und durch die Ausstellung führt. Und die, genau wie es früher Franz Sklorz war, die gute Seele des Hauses ist, in dem man so viel sehen und erfahren kann.

Adresse Alleestraße 13, 18581 Putbus, www.uhrenmuseum-putbus.de | **Anfahrt** A 20, Ausfahrt Stralsund, B 96 nach Rügen, bei Samtens rechts Richtung Garz, weiter auf Lange Straße, links auf Lindenstraße, rechts auf Putbuser Straße, weiter auf Alleestraße | **Öffnungszeiten** Mai – Okt. Di – So 10 – 18 Uhr, Nov. – April Di – So 11 – 16 Uhr | **Tipp** Nur einen Katzensprung entfernt am Markt 13 befindet sich der eindrucksvolle klassizistische Bau des ehemaligen Residenztheaters, das heute eine Spielstätte des Theaters Vorpommern ist.

70__Das Fischerdorf Vitt

Berühmt für seine Predigten

Das Fischerdörfchen Vitt liegt gut versteckt an einer Ufersenke der Steilküste und ist beim Blick über die umliegenden Felder von Weitem nicht sichtbar. Zudem ist es nicht mit dem Pkw erreichbar, da es im autofreien Einzugsbereich von Kap Arkona liegt. Gepaart mit seinen pittoresken Reetdachhäusern und einer wunderschönen Aussicht auf das Kap hat Vitt also gute Rahmenbedingungen, um als echter Geheimtipp gehandelt zu werden. Aber davon ist das Dörfchen, das nur aus einer Handvoll Häusern besteht, weit entfernt. Es ist einfach zu schön dafür. Viele Besucher behaupten sogar, dass dies der malerischste Ort der ganzen Insel sei.

Und so macht sich bei gutem Wetter eine Vielzahl von Touristen vom Parkplatz in Putgarten auf den gut zwei Kilometer langen Weg, um das Dörfchen zu besuchen. Dort angekommen lässt es sich herrlich durch die Gässchen schlendern, wo zwischen den Reetdächern immer wieder das strahlende Blau der Ostsee aufblitzt.

Zum Pflichtprogramm gehört auch ein Besuch der achteckigen, ebenfalls mit Reet gedeckten Dorfkapelle. Sie wurde von 1806 bis 1816 erbaut, um bei schlechtem Wetter die vielen Besucher von außerhalb aufzunehmen.

Der Altenkirchener Pfarrer Ludwig Gotthard Kosegarten, der sich auch als Dichter einen Namen gemacht hat, hielt nämlich in Vitt regelmäßig seine sogenannten Uferpredigten für die Heringsfischer, die aufgrund ihrer Arbeit nicht nach Altenkirchen kommen konnten. Seine Predigten fanden so großen Anklang, dass auch viele Auswärtige daran teilnahmen.

Nach dem Rundgang durch das Fischerdörfchen sollte man den Hang südlich des Örtchens besteigen. Von hier aus hat man den wohl schönsten Blick auf die Kreidefelsen des berühmten Kap Arkona. Wem der Weitblick nicht reicht, der muss noch einmal hinunter zum Strand gehen und eines der hier liegenden Fischerboote besteigen, deren Besitzer Fahrten rund ums Kap anbieten.

Adresse 18556 Putgarten (Vitt) | **Anfahrt** A 20, Ausfahrt Stralsund, B 96 nach Rügen, geradeaus Richtung Sagard (B 96 verlassen), links Richtung Bobbin, weiter nach Glowe, bei Altenkirchen zweimal rechts Richtung Putgarten abbiegen, den großen Parkplatz am Ortseingang von Putgarten nutzen, weiter mit dem Fahrrad, zu Fuß oder mit der Bimmelbahn | **Tipp** Im acht Kilometer entfernten Altenkirchen kann die Heimatkirche von Pfarrer Kosegarten besichtigt werden. Sie ist eines der ältesten sakralen Gebäude der Insel.

71 Der Peilturm von Kap Arkona

Das etwas andere Seezeichen

Kap Arkona, das ist für viele eine 45 Meter hohe Steilküste aus Kreide und der nördlichste Punkt Rügens. Dabei ist beides nicht ganz richtig. Der nördlichste Punkt liegt ein paar hundert Meter entfernt und heißt Gellort. Und Kap Arkona bezeichnet nicht nur die Klippen, sondern ist ein Flächendenkmal, das einen Bereich von mehreren Quadratkilometern umfasst. Hier findet man den historischen Wall und Ausgrabungen einer slawischen Burganlage, zwei Militärbunker aus NS- und DDR-Zeiten und ganze drei Türme. Bei den beiden dicht nebeneinanderliegenden handelt es sich um Leuchttürme. Der quadratische ist der zweitälteste an der deutschen Ostseeküste und wurde 1905 durch den höheren, runden ersetzt, der heute noch als Leuchtfeuer in Betrieb ist.

Der dritte Turm steht etwas abseits. Er leuchtet zwar nicht, wurde aber ebenfalls errichtet, um Schiffen den sicheren Weg zu weisen. Er wird als Peilturm bezeichnet und stellt ein sogenanntes Seefunkfeuer dar. Der Wortteil »feuer« ist dabei im übertragenen Sinne gemeint. Denn im Peilturm arbeitete man nicht mit Licht, sondern mit Funkwellen, um Schiffen ihre Positionsbestimmung zu ermöglichen. Schon im frühen 20. Jahrhundert wurde mit dem Einsatz von Funkwellen zu Zwecken der zivilen Navigation experimentiert. Dafür errichtete man Antennenfelder innerhalb der historischen Wallanlage der benachbarten Jaromarsburg. 1927 wurde dann der Peilturm erbaut, um der Reichsmarine die Kontrolle des Ostseeraumes zu ermöglichen.

Heute funkt der Turm nicht mehr, die technischen Anlagen wurden 1945 zerstört. Dafür sind unter der Glaskuppel ein Schmuck-Atelier sowie Veranstaltungs- und Ausstellungsräume eingezogen. Und es gibt eine Aussichtsplattform in 20 Metern Höhe, von der aus man den Blick über die am Fuße liegende slawische Burganlage, die Ostsee und das Fischerdörfchen Vitt schweifen lassen kann.

Adresse Kap Arkona, 18556 Putgarten, www.kap-arkona.de | **Anfahrt** A 20, Ausfahrt Stralsund, B 96 nach Rügen, geradeaus Richtung Sagard (B 96 verlassen), links Richtung Bobbin, weiter nach Glowe, bei Altenkirchen zweimal rechts Richtung Putgarten abbiegen, den großen Parkplatz am Ortseingang von Putgarten nutzen, weiter mit dem Fahrrad, zu Fuß oder mit der Bimmelbahn | **Tipp** Zum Flächendenkmal gehört auch der Rügenhof, ein typisch norddeutsches Ensemble aus Gutshaus und Nebengebäuden. Hier gibt es altes Handwerk, einen Trödel- und Antikmarkt und ein vielfältiges Veranstaltungsangebot.

72__Das Kreidemuseum Gummanz

... zeigt die Geschichte des weißen Schatzes

Der größte Wirtschaftsfaktor auf Rügen ist heute eindeutig der Tourismus. Vor zwei Jahrhunderten war dies noch anders. Mitte des 19. Jahrhunderts war es der Untergrund der Insel, der zu einem wichtigen Wirtschaftsgut heranwuchs. »Weiße Schreibkreide« – so der geologische Name des Sedimentgesteins, aus dem die berühmten Rügener Kreidefelsen bestehen. Ursprünglich waren es die Schalenreste von Kleinstlebewesen, die vor etwa 68 Millionen Jahren in dem Meer lebten, das ganz Nordeuropa bedeckte. Die kalkhaltigen Reste lagerten sich auf dem Meeresgrund ab, verfestigten sich und gelangten durch tektonische Bewegungen an die Oberfläche.

Nicht nur durch Caspar David Friedrich haben insbesondere der Königsstuhl und die Kreideküste des Nationalparks Jasmund Berühmtheit erlangt. Kreide wurde aber auch andernorts abgebaut. Ein Kreidewerk zum Abbau befand sich in Gummanz, mitten auf der Halbinsel Jasmund. »Kleiner Königsstuhl« heißt der 126 Meter hohe Kreidefelsen, der zwar nicht ganz so berühmt wie sein Namensvetter ist, der aber eine tolle Aussicht bietet. Heute markiert er den Standort des Kreidemuseums, das in der Fabrikhalle des Werks untergebracht ist, das von 1854 bis 1962 der Kreideproduktion diente. Kreide wurde damals zum Beispiel zum Düngen der Felder, zur Zementherstellung, als Füllstoff für Farben, Kacheln, Kitt und Gummi genutzt.

Im Museum wird geologisches Wissen über das Gestein Kreide vermittelt und die Frage geklärt, wieso der schwarze, harte Feuerstein mit der weißen, weichen Kreide so eng verwandt ist. Und es zeigt, wie die Kreide industriell genutzt wurde und wird. Heute kommt sie als Füllstoff für diverse Erzeugnisse in der chemischen Industrie, im Umweltschutz, aber auch in der Pharma- und Kosmetikindustrie zum Einsatz. Das Angebot der Kreideanwendungen im Wellnessbereich wird auf Rügen besonders gern in Anspruch genommen.

Adresse Gummanz 3a, 18551 Sagard (Neddesitz), www.kreidemuseum.de | Anfahrt B 96, kurz vor Sagard links Richtung Kap Arkona, rechts Richtung Gummanzer Straße/Neddesitz abbiegen, Parkplätze für Museumsbesucher am Ortseingang von Neddesitz | Öffnungszeiten Ostern–Okt. täglich 10–17 Uhr, Nov.–Ostern Di–So 10–16 Uhr | Tipp Nachdem man alles über die Kreide auf Rügen erfahren hat, muss man natürlich auch einmal den »echten« Königsstuhl gesehen haben. Im Gelände des Nationalparks Jasmund gibt es zahlreiche Wanderwege mit einer Gesamtlänge von 43 Kilometern.

73 Die Galerie Hartwich

Moderne Kunst auf hohem Niveau

Die Seebäder auf Rügen stehen für liebliche Bäderarchitektur mit Türmchen, holzverzierten Balkonen und prachtvollen Seebrücken. So ist es natürlich auch im Vorzeige-Seebad Sellin.

Doch abseits des Promenadentrubels befindet sich etwas versteckt ein Ort, der ein ganz anderes Flair besitzt. Ein Ort mit urbanem Charakter, den man in so einem kleinen Städtchen nicht erwarten würde. Es handelt sich dabei um die Alte Feuerwache aus dem Jahr 1909. Das Backsteingebäude mit drei großen doppelflügeligen Fenstern, den ehemaligen Toren für die Löschfahrzeuge, strahlt Industriecharme aus. Seit Anfang der 90er Jahre stand es leer und wurde 1998 einer neuen Nutzung zugeführt. Kunstliebhaber Knut Hartwich sanierte es liebevoll. Tauschte morsche Balken aus, stabilisierte das Dach, stellte die originale Optik der Torbögen wieder her. Und dann zog er hier ein – mit eigener Familie und eigener Galerie.

Seitdem ist nicht nur Sellin, sondern ganz Rügen um ein kulturelles Highlight reicher. Denn in der Galerie Hartwich wird zeitgenössische Kunst mit hohem Anspruch gezeigt. Hier werden nicht nur Künstler aus Deutschland, sondern auch aus den umliegenden Ostseeanrainerstaaten präsentiert. Und seitdem die Selliner Galerie regelmäßig auf Kunstmessen als Aussteller dabei ist, ist sie auch einem internationalen Kunstpublikum bekannt.

Der Schwerpunkt der Ausstellungen liegt auf der Malerei, aber auch Installationen, Videokunst und Skulpturen von jungen Talenten wie etablierten Künstlern finden ihren Platz. Eine Auswahl, die nicht unbedingt jeden Strandurlauber anspricht, der eine Alternativbeschäftigung bei schlechtem Wetter sucht. Aber ein Muss für Kunstinteressierte und -kenner, von denen einige den weiten Anfahrtsweg auf die Insel nicht scheuen. Die junge Kunst der westlichen Ostsee – so fasst Knut Hartwich sein Themenspektrum zusammen.

Adresse Schulstraße 5, 18586 Ostseebad Sellin, www.galerie-hartwich.de | **Anfahrt** A 20, Ausfahrt Stralsund, B 96 nach Rügen, bei Bergen rechts auf B 196, in Sellin links auf Hauptstraße und gleich nochmals links auf Schulstraße | **Öffnungszeiten** Mi–Sa 11–18 Uhr (bis auf Ausnahmen) und nach Vereinbarung unter Tel. 0174/9475424 | **Tipp** Im Selliner Bernsteinmuseum in der Granitzer Straße 43 ist die Natur der Künstler. Es ist das einzige seiner Art auf Rügen.

74__Die Seebrücke

Das zurückgekehrte Wahrzeichen

Kaum etwas wird stärker mit der Ostseeküste Mecklenburg-Vorpommerns assoziiert als die filigrane Bäderarchitektur und die prachtvollen Seebrücken. Auch das Seebad Sellin entspricht diesem Bild. Die Wilhelmstraße mit den schönsten Bauten des Ortes führt vom Landesinneren direkt auf die Küste mit der Seebrücke zu. Vorbei an den reich verzierten Balkonen der Hotelbauten und den eindrucksvollen Jugendstilvillen durch das üppige Grün der Lindenallee, steigt die Straße kontinuierlich an und endet am Hochufer über der Ostsee. Dort fällt der Blick auf die fast 400 Meter lange Seebrücke, die mit ihrem Restaurantbau auf der Brückenplattform oft als die schönste ihrer Art an der gesamten Ostseeküste bezeichnet wird. In Weiß und Grau gehalten, mit Türmchen und Rundbogenfenstern, strahlt sie den Betrachter im klassischen Stil der Bäderarchitektur an.

Doch der Schein trügt. Wer sich auf den Weg über die 87 Holzstufen macht oder mit der Seilbahn nach unten fährt, kann es erkennen. Hier steht kein sorgfältig saniertes, denkmalgeschütztes Bauwerk, sondern ein waschechter Neubau. Die heutige Selliner Seebrücke ist nämlich erst nach der Wende errichtet worden – nach historischem Vorbild.

1901 wurde der erste 60 Meter lange Schiffsanleger am Selliner Strand fertiggestellt und aufgrund des großen Andrangs schon vier Jahre später durch eine 508 Meter lange Anlegebrücke mit Restaurant ersetzt. Doch Eis und Stürme setzten der Seebrücke zu. 1924 wurde sie vollständig zerstört. Und auch der Nachfolgebau mit einer Lese- und Konzerthalle auf der Plattform konnte 1942 den Eismassen nicht standhalten. Nur die Halle blieb stehen und wurde bis zum Abriss 1978 als Tanzsaal genutzt. 20 Jahre später hatten die Selliner ihr Wahrzeichen wieder, diesmal mit zwei Anlegestegen und seit 2008 sogar mit einer Tauchgondel, in der man zum Meeresgrund abtauchen kann.

Adresse 18586 Ostseebad Sellin | **Anfahrt** A 20, Ausfahrt Stralsund, B 96 nach Rügen, bei Bergen rechts auf B 196, in Sellin links auf Hauptstraße, rechts auf Granitzer Straße, links auf Wilhelmstraße, diese führt direkt auf die Seebrücke zu | **Tipp** Maritim geht es auch im Museum Seefahrerhaus, Seestraße 17b, zu. Hier werden Arbeitsgeräte von Fischern, alte Navigationsgeräte, Schiffsmodelle und vieles mehr gezeigt.

75 Das Surfrevier

Perfekt für die ersten Stehversuche

Westlich von Rügen, gegenüber der Nachbarinsel Hiddensee, befindet sich Ummanz. Eine kleine Schwesterinsel von Rügen, mitten im Nationalpark Vorpommersche Boddenlandschaft gelegen. Und genau das macht die Insel zum beliebtesten Surfspot der Region. Denn das Boddengewässer vor Ummanz ist über weite Strecken sehr flach. Auf einer Fläche von zwölf Kilometern Länge und 300 Metern Breite ist das Wasser nur knie- beziehungsweise hüfttief. Als »Stehrevier« bezeichnen die Surfer einen solchen Bereich, in dem gefahrlos die ersten Wind- und Kitesurf-Versuche unternommen werden können und das besonders für Anfänger geeignet ist. Das Stehrevier vor Suhrendorf auf Ummanz ist das größte in Deutschland. Direkt am gleichnamigen Campingplatz befindet sich daher auch eine große Surfschule, in der man das Reiten auf den Wellen wahlweise mit Segel oder mit Drachen erlernen kann.

Aber auch für diejenigen, die lieber festen Boden unter den Füßen behalten, hat Ummanz seinen Reiz. Mit Erhebungen von maximal drei Metern über dem Meeresspiegel ist die Insel extrem flach. Stark von der Landwirtschaft geprägt, besteht die Umgebung hier weitgehend aus Weiden, Wiesen und Ackerflächen. Deshalb ist Ummanz auch für Wanderer, Radfahrer und Reiter perfekt. Die Weite der Landschaft, nur ab und an von einem Fischerdörfchen unterbrochen, bietet viel Ruhe. Auf den rund 20 Quadratkilometern der Insel leben noch nicht einmal 300 Einwohner. Und wenn der Spaziergang am Bodden zusätzlich durch den Anblick der bunten Segel vor der Küste verschönert wird, ist die Idylle perfekt.

Wenn der Wind einmal nicht gehen sollte, wird es für die Surfer auf den Ummanzer Gewässern trotzdem nicht langweilig. Dann wird die Surfschule zum Kanuverleih, und es können Touren bis nach Hiddensee oder Schaprode unternommen werden. Oder die Surfer bleiben an Land und genießen eine Auszeit in der Hängematte.

Adresse 18569 Ummanz (Suhrendorf), www.surfen-auf-ruegen.de | **Anfahrt** B 96 nach Rügen, bei Samtens links nach Gingst, links auf Ummanzer Chaussee, Straße bis nach Ummanz folgen, nach der Brücke gleich links (auf Am Focker Strom), bis Suhrendorf und dort Richtung Strand fahren | **Tipp** Wer mit Kindern unterwegs ist und einen ganzen Tag lang Action haben möchte, der ist im Rügen Park in Gingst (Mühlenstraße 22) richtig.

76 Die Veste Spantekow

Renaissance-Schmuckstück in Wartestellung

Wenn man sich aufmacht, die älteste und bedeutendste Renaissance-Wasserburg Norddeutschlands zu besuchen, erwartet man dort interessierte Touristen, heiratswillige Paare oder kulturelle Veranstaltungen. Schließlich zählen Burgen, Schlösser und Gutshäuser hierzulande zu den beliebtesten Ausflugszielen. Auf der Veste Spantekow ist es jedoch anders. Trotz der erwähnten Bedeutung ist die Festung ein Ort, den man meist für sich allein entdecken kann. Denn die Anlage steht seit der Wende leer und wartet darauf, wiederbelebt zu werden.

Ulrich von Schwerin der Ältere ließ die verfallene Burg aus dem 13. Jahrhundert Ende des 16. Jahrhunderts nach alten Plänen neu errichten und erweiterte die Anlage zu einer wehrfähigen Veste nach den Notwendigkeiten der damaligen Zeit. Nach dem Zweiten Weltkrieg wurde die Familie von Schwerin im Rahmen der sogenannten »Bodenreform« enteignet und die Burg in der DDR als Altenheim genutzt. Seit 1999 befindet sich die Anlage im Besitz der Nachkommen des Hans-Bone von Schwerin, welcher der letzte Herr auf Spantekow war. Die neuen Eigentümer suchen nun nach Kräften ein geeignetes Nutzungs- und Sanierungskonzept, das den Tourismus fördert und der Gegend zugutekommt.

Bis es so weit ist, können die Burggebäude, die sich derzeit in keinem sehr guten Zustand befinden, nicht besichtigt werden. Man kann jedoch die Außenanlage, das Verlies und die Kasematten betreten. Letztere dienten einst zur Verteidigung der Burg an der Südwestseite, an der sie nicht, wie im Norden, durch Moor geschützt war. Eine Taschenlampe ist ratsam. Zudem ist auch noch der Wassergraben vorhanden, der einst die gesamte Burganlage umgeben hat.

Es bleibt spannend, wie die Zukunft dieser einmaligen Anlage aussehen wird. Wünschenswert wäre, dass sie bald in neuem Glanz erstrahlt, auch wenn man sie dann nie mehr in dieser außergewöhnlich einsamen Atmosphäre besuchen kann.

Adresse Burgstraße, 17392 Spantekow, www.burg-spantekow.de | **Anfahrt** A 20, Ausfahrt Anklam, B 199 Richtung Anklam, rechts Richtung Spantekow, weiter auf Denniner Straße, Rundstraße und links auf Burgstraße | **Öffnungszeiten** aktuelle Hinweise auf Webseite beachten | **Tipp** Etwa 20 Kilometer nördlich von Spantekow liegt Schloss Neetzow, das seine Frischzellenkur schon hinter sich hat. Nun strahlt es den Besuchern in neuem Glanz entgegen und beeindruckt mit seinen Zinnen und Türmen.

77 Der Fischhandel Henry Rasmus

Der Bismarckhering nach Originalrezept

Wasser, 14 Prozent Salz, sieben Prozent Essig – fertig ist der Sauerlappen und damit der Rohstoff für den berühmten Bismarckhering. Eine Woche verbringen die entgräteten Fische in diesem Reifebad, bevor sie durch eine Veredelungsmarinade mit Gewürzen verzehrfertig werden. Johann Wiechmann, Kaufmann aus Stralsund, entwickelte die Rezeptur und war von seinem Produkt so überzeugt, dass er 1871 ein Fässchen davon an Reichskanzler Bismarck sandte, der bekanntermaßen ein Faible für Heringe hatte. »Untertänigst« bat Wiechmann in seinem Begleitschreiben darum, den eingelegten Fisch nach dem Staatsoberhaupt benennen zu dürfen. Bismarck willigte ein, und mit neuem Namen, ins Brötchen gepackt, begleitet von milden Zwiebeln, trat der Hering seinen Siegeszug entlang der Ostsee an.

126 Jahre später eröffnete ein nicht weniger einfallsreicher Kaufmann seinen Fischhandel mit Räucherei in der Stralsunder Altstadt. Henry Rasmus war gewillt, den original Bismarckhering wieder in seine Geburtsstadt zurückzuholen. So machte er eine Nachfahrin von Johann Wiechmann ausfindig, die in Bremen lebte. Das Glück war Rasmus hold, denn Lisa Böse besaß tatsächlich noch die Originalrezeptur ihres Urgroßvaters und war gewillt, sie ihm abzutreten.

Seitdem vermarktet Henry Rasmus seinen Fischhandel mit Räucherei als den einzigen Betrieb, in dem man den originalen Bismarckhering kaufen und genießen kann. Und das recht erfolgreich. Auch er schickte ein Fässchen der Stralsunder Spezialität an den amtierenden Kanzler – es war damals Gerhard Schröder – und erhielt, genau wie seinerzeit Johann Wiechmann, ein persönliches Dankesschreiben zurück. Auch Angela Merkel kam schon in den Genuss der sauer eingelegten Fischspezialität. Anlass war ihr gemeinsamer Besuch mit US-Präsident George W. Bush in Stralsund, der sich sogar mit einem Heringsfässchen in der Hand ablichten ließ.

Adresse Heilgeiststraße 10, 18439 Stralsund, www.bismarckhering.com | **Anfahrt** A 20, Ausfahrt Stralsund, B 96 bis Stralsund, Ausfahrt Richtung Prohn / Stralsund-Tribseer, 3. Ausfahrt im Kreisverkehr, über Feldstraße auf Carl-Heydemann-Ring, rechts auf Tribseer Damm, nach Brücke links auf Knieperwall, im Kreisverkehr 1. Abfahrt, geradeaus auf Mönchstraße bleiben, bis Ecke Heilgeiststraße fahren | **Öffnungszeiten** Mo–Fr 9–18 Uhr, Sa 8.30–12.30 Uhr | **Tipp** Im Strelasund liegt die ehemals militärisch genutzte Insel Dänholm. Heute befinden sich darauf unter anderem das Marinemuseum und das Nautineum, eine Außenstelle des Deutschen Meeresmuseums.

78 Die Gorch Fock I

Totgesagte leben länger

Gorch Fock – der 1916 bei einer Seeschlacht gefallene Schriftsteller war Namensgeber des berühmtesten deutschen Segelschulschiffes. Doch die Gorch Fock, die heute noch im Einsatz ist und in jüngster Zeit eher mit traurigen Ereignissen Schlagzeilen machte, hat eine Vorgängerin und Namensvetterin, die seit 2003 in Stralsund liegt. Die Gorch Fock I wurde 1933 in nur 100 Tagen bei Blohm & Voss gebaut und war bis 1945 für die Reichsmarine im Einsatz. In den letzten Kriegstagen ließ die deutsche Wehrmacht das Schiff durch ein Sprengkommando im Strelasund versenken, um sie nicht der Sowjetarmee zu überlassen.

Doch der Plan ging nicht auf. Im Juni 1947 wurde die Bark, deren stehende Masten noch aus dem Wasser herausragten, gehoben und anschließend in den Werften von Rostock und Wismar repariert. Sie wurde auf den Namen Towarischtsch getauft und diente fortan der sowjetischen Marine als Schulschiff. 1992, nach Auflösung der UdSSR, segelte das Schiff unter ukrainischer Flagge.

Als zur Jahrtausendwende dringende Reparaturen anstanden, für die die finanziellen Mittel nicht ausreichten, erwarb der Stralsunder Tall-Ship Friends e. V. den Dreimaster. So konnte die Gorch Fock wieder ihren alten Namen annehmen und in ihrem alten Heimathafen festmachen. So liegt sie nun seit 2003 erneut in Stralsund, 2004 liefen die Reparaturarbeiten an. Im selben Jahr gelang es dem Förderverein Gorch Fock, ein Schiffsmuseum an Bord einzurichten. Das nächste Ziel ist es, das Schiff wieder so auszurüsten, dass es eine Fahrgenehmigung für die Ostsee erhält. Dafür werden Geld- und Sachspenden eingeworben. Und auch die Einnahmen aus dem Museum und der Raumvermietung an Bord dienen diesem Zweck. Ein ganz besonderes Erlebnis ist das Riggtraining. Gut gesichert kann man dabei die Mars des Großmastes in zwölf Metern Höhe erklimmen. Die Teilnahmegebühr kommt ebenfalls dem Erhalt des Schiffes zugute.

Adresse An der Fährbrücke, 18439 Stralsund, www.gorchfock1.de | **Anfahrt** A 20, Ausfahrt Stralsund, B 96 bis Stralsund, Ausfahrt Richtung Hafen / Stralsund-Dänholm, links auf An der Hafenbahn, links über Brücke auf Langenstraße, rechts auf Am Fischmarkt, beim Ozeaneum rechts auf Neue Semlower Straße | **Öffnungszeiten** April – Okt. täglich 10 – 18 Uhr, Nov. – März täglich 11 – 16 Uhr | **Tipp** Einen tollen Blick auf die Gorch Fock, das Ozeaneum und die Altstadt Stralsunds hat man bei einer Hafenrundfahrt. Unter www.weiße-flotte.de gibt es Auskünfte zu Fahrplänen und Preisen.

79 Das Kaufhaus Wertheim

Glorreiche Kaufhausvergangenheit

1852 begann in Stralsund die Geschichte einer der größten deutschen Kaufhausketten: Abraham und Theodor Wertheim eröffneten ein kleines Modewarengeschäft. Einige Jahre später folgte ein Kurzwarengeschäft, das Abraham mit seiner Frau betrieb und in das ein Jahr später zwei ihrer Söhne einstiegen. Sie hatten ihre Ausbildung im Textilgroßhandel ihres Onkels in Berlin absolviert und professionalisierten den Betrieb. Bald schon zog das Unternehmen in größere Räume um.

1884 wurde die erste Filiale in Rostock eröffnet, ein Jahr später folgte das erste Wertheim-Kaufhaus in Berlin. In der Metropole sollten bis 1913 weitere sechs Kaufhäuser folgen. Eines davon ist die 1897 eröffnete Filiale an der Leipziger Straße. Mit 106.000 Quadratmetern war sie damals das größte Warenhaus Europas. Gleichzeitig galt sie auch als das schönste Kaufhaus Deutschlands. 1903, als man in der Hauptstadt schon eine feste Größe war, eröffneten die Wertheims endlich auch in ihrer Heimatstadt ein großes Warenhaus in Nachbarschaft zum historischen Rathaus.

Mit der Machtergreifung der Nationalsozialisten fand die Erfolgsgeschichte ein jähes Ende. Dem Boykott jüdischer Geschäfte folgte 1937 die Enteignung der Firma. Zwar eröffnete die Wertheim AG ab 1952 neue Filialen, sie wurde jedoch in den 80ern von Hertie übernommen.

Geblieben ist das imposante Sandsteingebäude in der Stralsunder Altstadt. In der DDR weiterhin als Kaufhaus genutzt, stand es nach der Wende einige Jahre leer. Dann folgte endlich die aufwendige Sanierung. Seither werden im Alten Kaufhaus wieder Waren feilgeboten. Highlight ist der historische Lichthof, der nun in prachtvollem Glanz erstrahlt – und ein interessantes Zusammenspiel aus Alt und Neu bietet: Man betritt den lichtdurchfluteten Raum, voll von aktueller Mode, erfüllt von moderner Musik, legt den Kopf in den Nacken und blickt auf eine mehr als 100 Jahre alte Kaufhaushistorie.

Adresse Ossenreyerstraße 8–12, 18439 Stralsund | Anfahrt A 20, Ausfahrt Stralsund, B 96 bis Stralsund, Ausfahrt Richtung Stralsund-Altstadt/Franken, an der Gabelung links auf Greifswalder Chaussee, im Kreisverkehr 2. Abfahrt auf Frankendamm, im Kreisverkehr 1. Abfahrt auf Wasserstraße, links auf Heilgeiststraße, rechts auf Jacobiturmstraße, links auf Badenstraße, bis Ecke Ossenreyerstraße | Öffnungszeiten Mo–Fr 10–19 Uhr, Sa 10–18 Uhr | Tipp Eines der schönsten Häuser am Alten Markt ist das Wulflamhaus. Es präsentiert sich mit einem eindrucksvollen Schaugiebel und beherbergt im Inneren unter anderem eine Bibliothek.

80 Das Ozeaneum

Vier Häuser, vier Ausstellungsbereiche

Wie konstruiert man ein Museumsgebäude mit 8.700 Quadratmetern Nutzfläche, ohne einen riesigen Klotz zu bauen, der so gar nicht zur umgebenden Architektur passt? Man untergliedert es einfach in vier Baukörper. So zumindest die Idee des Stuttgarter Architekturbüros Behnisch & Partner, das schon 1972 mit dem Bau des Münchner Olympiastadions seinen Mut zu Innovationen unter Beweis gestellt hat. Die Stralsunder Stadträte hat es damit überzeugt. Sie kürten den Stuttgarter Entwurf zum Sieger des Architekturwettbewerbes für das Ozeaneum, das als Erweiterung und Ergänzung des bestehenden Deutschen Meeresmuseums geplant war.

Nach knapp drei Jahren Bauzeit folgte im Juli 2008 die feierliche Eröffnung der Ausstellung mit ihren 45 Aquarien und rund 7.000 lebenden Tieren. Genau wie die bauliche Hülle ist die Ausstellung thematisch in vier Teile gegliedert. Das erste Gebäude widmet sich den Weltmeeren, der Ostsee und der Erforschung und Nutzung der Meere. Dann folgen die beiden Aquarien-Gebäude – zuerst das Ostsee- anschließend das Nordsee-Aquarium. Am Ende des Rundgangs gibt es in Haus 4 lebensgroße Modelle der größten Meeresbewohner zu bestaunen. Unter ihnen stellt der 26 Meter lange Blauwal das unangefochtene Highlight dar.

Mit der Aufteilung des Bauvolumens in vier kleinere Gebäude soll sich das Museum besser an die Strukturen der Nachbarbebauung anpassen. Gleichzeitig heben sich die geschwungenen Baukörper mit ihren Fassaden aus Stahlblech stilistisch wirkungsvoll von den umliegenden Backsteingebäuden auf der Hafeninsel ab. Verbindendes Element ist die gläserne zentrale Halle. Gläsern, damit das Licht die Gebäude umspülen kann wie das Wasser die Kieselsteine im Meer. Die sollen nämlich durch die Form und Farbe der vier Bauten symbolisiert werden und damit den inhaltlichen Schwerpunkt des Museums aufgreifen. Und das tun sie – auf sehr eindrucksvolle Weise.

Adresse Hafenstraße 11, 18439 Stralsund, www.ozeaneum.de | **Anfahrt** A 20, Ausfahrt Stralsund, B 96 bis Stralsund, Ausfahrt Richtung Hafen / Stralsund-Dänholm, links auf An der Hafenbahn, links über Brücke auf Langenstraße, rechts auf Am Fischmarkt, rechts zum Ozeaneum | **Öffnungszeiten** Juni – Sep. 9.30-20 Uhr, Okt. – Mai 9.30 – 18 Uhr (Kassenschluss eine Stunde vorher) | **Tipp** Wer noch mehr Meer erleben will, sollte das Meeresmuseum, Ecke Mönchstraße / Bielkenhagen, besuchen, das genau wie das Ozeaneum eines von vier Standorten des Deutschen Meeresmuseums ist.

81 Das Rathaus

Vom Kaufhaus zum Rathaus

Jedes Jahr im Juli, wenn im Schatten des Rathauses die Marktstände für die Wallensteintage aufgebaut werden, fühlt man sich unweigerlich ein paar Jahrhunderte in die Vergangenheit versetzt. Dann halten Händler, Handwerker, Gaukler und Akrobaten Einzug und feiern den erfolgreichen Widerstand der Stralsunder gegen die Belagerung der kaiserlichen Truppen unter der Führung des Oberbefehlshabers Wallenstein im Jahr 1628.

Die imposante Schauwand des Rathauses mit den sechs Giebeln und sieben Türmchen zeugt noch heute vom Reichtum und Stolz der Hanse. Über den großen Fenstern zeigen die Wappen der Hansestädte Wismar, Lübeck, Hamburg, Greifswald, Stralsund und Rostock, welche Städte seinerzeit die wichtigste Bedeutung im Handelsbund innehatten. Und der Handel hatte auch im Stralsunder Rathaus selbst eine besondere Bedeutung. Das vierflügelige Gebäude diente nämlich auch als Kaufhaus. Im Erdgeschoss hatten 40 Geschäfte ihren Platz, auf den Dachböden und im Keller befanden sich die Lagerflächen. Der in Ost-West-Richtung verlaufende Gang trägt bis heute den Namen »Buttergang«. Er führt zum imposanten Westportal der Nikolaikirche. Der Nord-Süd-Gang, den man vom Marktplatz aus betritt, beeindruckt durch seine Säulen und die zweigeschossige Galerie.

Doch zurück zur prachtvollen Fassade, dem Wahrzeichen Stralsunds, das von der großen Historie der Hansestadt zeugt. Dass man sie heute in ihrer alten Pracht bewundern kann, ist einer aufwendigen Restaurierung im 19. Jahrhundert zu verdanken. Denn im 18. Jahrhundert hatte man anstehende Reparaturarbeiten zur Umgestaltung im Stile des Barock genutzt und die Schaufassade entsprechend verputzt. Dies wurde bei der Restaurierung wieder rückgängig gemacht. Gleichzeitig wurden die Backsteinfassade mit Ziegeln wiederhergestellt und die runden Sternscheiben in den Giebeln eingesetzt, genau wie die erwähnten Wappen der Hansestädte.

Adresse Alter Markt, 18439 Stralsund | **Anfahrt** A 20, Ausfahrt Stralsund, B 96 bis Stralsund, Ausfahrt Richtung Prohn / Stralsund-Tribseer, im Kreisverkehr 3. Ausfahrt auf Feldstraße, rechts auf Tribseer Damm, links auf Knieperwall, im Kreisverkehr 1. Ausfahrt, links auf Mühlenstraße, bis Alter Markt fahren | **Tipp** Durch seine besondere historische Bausubstanz ist Stralsund Welterbestadt. Im barocken Olthofschen Palais, das sich neben dem Rathaus befindet, ist dem Welterbeprogramm, insbesondere seiner Umsetzung vor Ort, eine eigene Ausstellung gewidmet.

82 Die Spielkartenfabrik

Druckwerkstatt mit Lehrauftrag

Die Produktion von Spielkarten hatte in Stralsund eine fast 200 Jahre lange, erfolgreiche Tradition. Es begann 1765 mit der Konzession für die erste Spielkartenfabrik, die der schwedische Generalgouverneur erteilte. Diese Fabrik, die sich im alten Speichergebäude am Katharinenberg befindet, versetzt die Besucher in die Zeit, als Buchstaben aus metallenen Gussformen gefertigt wurden und es noch den Handwerksberuf des Schriftsetzers gab. Allerdings nicht durch eine Ausstellung von alten Druckmaschinen, sondern in Form einer lebendigen Museumswerkstatt.

Die historischen Maschinen sind heute noch beinahe täglich im Einsatz, werden allerdings nicht mehr von fest angestellten Druckereiarbeitern betrieben, deren Erzeugnisse in der ganzen Welt verkauft werden, wie es in der Blütezeit der Stralsunder Spielkartenproduktion der Fall war.

Heute sind es vornehmlich junge Menschen und Hobbydrucker, die an den Maschinen stehen. In der offenen Werkstatt können sie drucken und Ideen für Kartenspiele realisieren. In Workshops, Kursen und Vorführungen wird Grundlagenwissen zur Herstellung vermittelt. Die Spielkartenfabrik ist eben mehr Werkstatt als Museum. Darüber hinaus gibt es Veranstaltungen vom Papierschöpfen über den Buchdruck bis zum Buchbinden.

Aber man muss nicht unbedingt selbst Hand anlegen, sondern kann auch einfach den Mitarbeitern zusehen und -hören, wie sie beispielsweise die Funktionsweise der Linotype-Setzmaschine vorführen und erläutern. Diese Maschine ist das Schmuckstück der Ausstellung. Mit ihrer Erfindung im Jahr 1886 wurde das Satzverfahren revolutioniert. Erstmals musste der Schriftsetzer die Buchstaben nicht mehr von Hand setzen, sondern bediente eine Tastatur, über die die Buchstaben per Tastendruck in eine metallene Gussform fielen. Aneinandergereiht ergeben diese Matrizen eine Zeile von Buchstaben – die namensgebende »line of types«.

Adresse Katharinenberg 35, 18435 Stralsund, www.spiefa.de | **Anfahrt** A 20, Ausfahrt Stralsund, B 96 bis Stralsund, Ausfahrt Stralsund-Altstadt/Franken, links auf Greifswalder Chaussee, im Kreisverkehr 3. Ausfahrt auf Karl-Marx-Straße, auf der Brücke über den Frankenteich leicht rechts halten auf Weidendamm, links auf Neuer Markt, zweimal rechts um den Marktplatz herum, links auf Poststraße, links auf Katharinenberg | **Öffnungszeiten** Mo–Fr 11–13 Uhr und 15–19 Uhr | **Tipp** Nur einen Katzensprung entfernt befindet sich das ehemalige Katharinenkloster, das einer von vier Standorten des Kulturhistorischen Museums der Hansestadt ist.

83 Das Ukranenland

Abtauchen in die Slawenzeit

Vor mehr als 1.000 Jahren waren weite Teile Norddeutschlands von slawischen Stämmen besiedelt. Im Gebiet um die Uecker ließen sich ungefähr ab dem 9. Jahrhundert vermehrt die sogenannten Ukranen nieder, die sich hier bis zum 12. Jahrhundert aufhielten. Dieses Zeitalter lässt das Freilichtmuseum »Ukranenland« wieder lebendig werden. Als Standort für das Museum wurde ein Gelände abseits von Siedlungen und Straßen gewählt, das stattdessen inmitten von Wiesen und Wäldern, direkt am schilfbewachsenen Ufer der Uecker liegt. Diese Umgebung lässt das Dorf mit den reetgedeckten Hütten aus Holz, Flechtwerk und Lehm noch realistischer wirken, sodass man sich tatsächlich ins 9. und 10. Jahrhundert versetzt glaubt.

Wie in vielen Freilichtmuseen werden hier historische Handwerkstätigkeiten, wie Schmieden, Weben, Töpfern und Backen, vorgeführt und zum Mitmachen angeboten. Was im Ukranenland jedoch anders ist und es so authentisch macht, ist die Lage am Fluss. Die Uecker ist nicht nur namentlich eng mit dem Slawenstamm verbunden, sondern war damals wichtiger Transportweg und Lebensgrundlage für die Menschen. Auch für das Museum spielt sie eine wichtige Rolle.

Mitte der 1990er Jahre begann man mit der Rekonstruktion eines historischen Slawenschiffes, das 1997 fertiggestellt und auf den Namen Svarog getauft wurde. Es war das erste seiner Art in Deutschland und wurde nach der Vorlage eines der vier Boote gebaut, die im verlandeten Bodden bei Ralswiek auf Rügen entdeckt worden waren. Ein Jahr später konnte bereits das zweite Schiff, die Svantevit, getauft werden, das nach einem Fund in einem Moor bei Charbrow in Polen rekonstruiert wurde. 2002 kam noch die Agnes hinzu.

Ein besonderes Erlebnis ist die Fahrt auf einem der drei Schiffe, bei der wie im Rest des Museums gilt: Zuschauen gibt es nicht. Das Museum stellt den Kapitän, die Gäste sind die Mannschaft.

Adresse Jatznicker Straße 31, 17358 Torgelow, www.ukranenland.de | **Anfahrt** A 20, Ausfahrt Pasewalk-Nord, B 104 Richtung Pasewalk, links auf B 109, bei Jatznick rechts abbiegen, links auf Straße der Befreier, weiter auf Jatznicker Straße, Parkplatz nutzen und zu Fuß zum Museum | **Öffnungszeiten** Mai–Sept. täglich 10–16 Uhr, Juli, Aug. bis 17 Uhr, Okt. Mo–Fr 10–16 Uhr | **Tipp** Zum Museum gehört auch das Castrum Turglowe, das sich im Zentrum Torgelows befindet. In der mittelalterlichen Burgruine wird ebenfalls ein Stück Heimatgeschichte durch die Rekonstruktion einer mittelalterlichen Stadt lebendig.

84 Das Haffbad

Die beste Badebucht im östlichsten Osten

Feinster Sandstrand, flach abfallend ins ruhige, nur leicht salzhaltige Wasser, das hier immer zwei bis drei Grad wärmer ist als an den Ostseestränden. Das ist das Haffbad in Ueckermünde, einer der östlichsten Badestrände Deutschlands. Mit einem kleinen Waldstreifen im Rücken, der den Strand begrenzt, kann man hier auch ohne Strandkorb schattig und windgeschützt sitzen. Wer es trotzdem noch etwas kuscheliger mag, kann sich seine geflochtene Behausung für gerade einmal 2,50 Euro pro Tag ausleihen. Und dann einfach entspannen und dem geschäftigen Strandleben zusehen. Denn an schönen Tagen kann es hier durchaus voll werden. Schließlich sind Sandstrände am Stettiner Haff, das sich über die deutsch-polnische Grenze über 52 Kilometer breit erstreckt, eher spärlich gesät.

Der Mangel an Sand ist durch die Entstehungsgeschichte des Haffs zu erklären. Einst reichten im Spätglazial der Weichsel-Eiszeit die Gletschermassen bis an den Bereich der heutigen Inseln Usedom und Wollin heran. Das Schmelzwasser der Endmoränen floss nach Süden in einen Gletscherstausee ab, aus dem der Haffsee entstanden ist. Die Eismassen zogen sich zurück, das Gewässer blieb. In den folgenden Jahrtausenden wurden Sandmengen durch Verwehungen in die Uferbereiche des Haffs transportiert. Dort lagerten sie sich allerdings nur vereinzelt zu denjenigen Ansammlungen ab, die heute als Strandbäder genutzt werden. Der größere Teil ist im ufernahen Binnenland zu finden, woraus das Sandgebiet der Ueckermünder Heide entstanden ist.

In Ueckermünde hat es dann doch für einen rund 800 Meter langen Strand gereicht. Dieser ist mit seinem Waldsaum und den Dünen etwas für Naturliebhaber. Aber gleichzeitig sprechen die neue Promenade, die Strandhalle, die Duschen sowie Spiel- und Sportplätze diejenigen an, die sich am Strand auch eine gute Infrastruktur wünschen.

Adresse Am Strand, 17373 Seebad Ueckermünde | Anfahrt B 109 zwischen Pasewalk und Anklam, bei Ferdinandshof Richtung Ueckermünde abbiegen, in Meiersberg links abbiegen, um auf Dorfstraße zu bleiben, rechts nach Ueckermünde, rechts auf Liepgartener Straße, im Kreisverkehr 3. Ausfahrt, rechts auf Ueckerstraße, links halten auf Belliner Straße, links auf Neuendorfer Straße, links auf Haffstraße, rechts auf öffentlichen Strandparkplatz | Tipp In der Ueckermünder Altstadt befindet sich das spätgotische Herzogschloss. Hier ist das Haffmuseum untergebracht, von dem aus man auch die Aussichtsplattform des Schlossturms besteigen kann.

85 Die Seebrücke

Filmkulisse auf der Ostsee

Seebrücken gibt es an der Ostseeküste so einige. Aber nur wenige sind so schön wie die in Ahlbeck. Und keine ist so alt wie diese. Es war im Jahr 1882, als man am Strand zunächst nur eine Plattform errichtete, die für gastronomische Zwecke und Veranstaltungen genutzt wurde. Erst 16 Jahre später kam der 280 Meter lange Steg, der als Schiffsanleger ins Meer hineinragte, hinzu. Zu diesem Zeitpunkt wurden auch die ersten Holzaufbauten auf der Plattform der Seebrücke errichtet, die offene Plattform in der Mitte blieb bestehen. Später wurden dann die gegenüberliegenden Holzaufbauten miteinander verbunden. 1926 überdachte man den noch offenen Teil mit einem Segeltuch, ein paar Jahre danach wurde dieses durch eine Holzkonstruktion ersetzt.

So wurde die Seebrücke nach und nach zu dem, was sie heute noch ist: ein wunderschönes Bauwerk im Stil der Gründerzeit in einer traumhaften Lage. Kein Wunder, dass sie das meistfotografierte Motiv der Insel Usedom ist. Und auch als Filmkulisse kam sie mehrfach zum Einsatz. Der wohl bekannteste Film, für den einige Szenen hier gedreht wurden, ist Loriots »Pappa ante Portas«. Eigens dafür wurde das in der DDR-Zeit braun getünchte Gebäude 1991 mit einem strahlend weißen Anstrich versehen, damit es wieder ganz so aussah wie zu Beginn und wie Vicco von Bülow es aus Kindheitstagen kannte. Und so präsentiert sich die Brücke heute noch. Nur das rote Dach mit den grünen Turmhelmen ist zwischenzeitlich einem dunkelgrauen gewichen. Was außerdem im Film fehlt, ist der Steg mit dem Schiffsanleger. Er wurde im Winter 1942 von den Eismassen der zugefrorenen Ostsee zerstört und erst im Jahr 1993 wiederaufgebaut.

Und so können die Besucher endlich wieder die Aussicht vom Steg genießen oder mit dem Schiff zum Seebrückenhopping starten. Oder einfach nur im Strandkorb sitzen und die Schönheit der Anlage auf sich wirken lassen.

Adresse Dünenstraße 37, 17419 Seeheilbad Ahlbeck | **Anfahrt** B 110 nach Usedom, in Zirchow auf Hauptstraße bleiben und B 110 verlassen, links auf Swinemünder Chaussee, rechts auf Seestraße, rechts auf Kaiserstraße, links auf Neue Straße, bis zur Ecke Dünenstraße fahren | **Tipp** Wer's mag, kann über die Swinemünder Chaussee nach Polen gehen und den Grenzmarkt besuchen. Nicht nur Zigaretten, sondern auch Kleidung, CDs, Lebensmittel und Gartenzwerge sollen die deutschen Kunden locken.

86 Das Technikmuseum

Hier wird die DDR wieder lebendig

Auf dem Gelände einer ehemaligen Handelsgenossenschaft im südöstlichen Usedomer Hinterland scheint die Zeit stehen geblieben zu sein: Das Museum in Dargen versetzt seine Besucher mitten in die DDR-Zeit. 1995, als das Zweirad- und Technikmuseum gegründet wurde, widmeten sich die Initiatoren zunächst der Sammlung und Aufarbeitung von motorisierten Zweirädern. In Dargen gibt es fast alle Motorräder und Mopeds zu sehen, die in der DDR verkauft und gefahren wurden. Inzwischen werden auch einige Fahrzeuge mit vier Rädern ausgestellt. Dazu zählen nicht nur Autos, sondern auch Lkws, Busse und Landmaschinen aus dem gesamten Ostblock. Das Besondere an den Fahrzeugen ist, dass sie zum größten Teil funktionsfähig sind und einige sogar TÜV haben. Dadurch ergeben sich besondere Einsatzmöglichkeiten. Eine Mitfahrt in einem Wolga M21 als Geburtstagsgeschenk oder eine Rundfahrt mit der Hochzeitsgesellschaft im ehemaligen Regierungsbus von Erich Honecker bleiben sicher allen Beteiligten im Gedächtnis.

Doch es sind nicht nur die motorisierten Maschinen, die in Dargen die DDR wieder lebendig werden lassen. Es sind die vielfältigen Exponate aus dem Leben in Ostdeutschland und Osteuropa vor der Wende. Darunter eine original ausgestattete Wohnstube, wie sie sicher in den meisten Zwei-Raum-Wohnungen aussah, eine Vereinsgaststätte, in der es frisch gebackenen Kuchen gibt, oder ein vollgestopfter Konsum mit unzähligen Ostprodukten. In der 1.500 Quadratmeter großen Ausstellung sieht es nicht nur nach vergangenen Zeiten aus, es riecht auch danach. Schließlich verströmen die alten Möbel ihren ganz speziellen Eigengeruch. Dazu kommen noch die vielen Haushalts- und Elektrogeräte, Dokumente, Orden und Abzeichen. Das DDR-Museum in Dargen ist etwas für echte Ostalgiker oder Besucher aus dem Westen, die sich gar nicht vorstellen können, wie man hier seinerzeit gelebt hat.

Adresse Bahnhofstraße 7, 17419 Dargen, www.museumdargen.de | **Anfahrt** B 110 nach Usedom, B 110 folgen, rechts Richtung Dargen, rechts in Bahnhofstraße | **Öffnungszeiten** April–Okt. Di–So 10–18 Uhr, Nov.–März Di–So 10–15 Uhr | **Tipp** Im Dargener Ortsteil Prätenow ist das Wisentgehege im Heideweg 1 sehenswert. Hier kann man die größte Tierart Europas, die im Mittelalter auf dem gesamten Kontinent verbreitet war und dann fast ausgerottet wurde, in einem naturnah gestalteten Schaugehege erleben.

87_Der Golm

Gedenkstätte im Grünen

Normalerweise würde man über einen Ort wie den Golm Folgendes schreiben: Mit 69 Metern ist er die höchste Erhebung der Insel Usedom. Es ist ein Ort, der schon in der Bronzezeit besiedelt war, wie der Fund eines Burgwalls beweist. Vom Aussichtspunkt auf dem Golm hat man eine tolle Sicht auf das polnische Świnoujście und das Stettiner Haff. Der Hügel ist von einem dichten Buchenwald umgeben, der für einige Vogelarten ein wichtiger Brutplatz ist und deshalb unter Naturschutz steht. Somit ist der Golm ein idealer Tipp für Naturfreunde, die in ruhiger Umgebung ausgedehnte Spaziergänge unternehmen wollen.

Doch die Geschichte des frühen 20. Jahrhunderts hat den Golm verändert. Wenn man aus dem Buchenwald zur Lichtung auf dem Hügel hinaufsteigt, zeigen es die kleinen Holz- und Granitkreuze, die sich abseits der Wege unter den Bäumen verteilen, an: Hier befindet sich eine Kriegsgräberstätte. Im 19. Jahrhundert unternahmen die Bewohner von Swinemünde gerne ihren Sonntagsausflug hierhin. Sie bauten gastronomische Einrichtungen, einen Aussichtsturm und errichteten Denkmäler für die Gefallenen der damaligen Kriege.

Doch im Zweiten Weltkrieg wurde es ernst. Ab 1943 wurde auf dem Golm ein Ehrenfriedhof eingerichtet, auf dem zunächst Marinesoldaten, später auch Soldaten der Luftwaffe und des Heeres ruhten. Insgesamt 3.000 Menschen, von denen nur ein Drittel namentlich bekannt war. Im März 1945 kamen nochmals 20.000 Bestattungen in anonymen Massengräbern dazu. Allerdings handelte es sich dabei um zivile Opfer. Flüchtlinge, von denen sich rund 100.000 in Swinemünde aufhielten, als ein amerikanischer Bombenangriff die Stadt traf.

Das Mahnmal im Zentrum des Golms beziffert diese immense Summe auf der Inschrift im Inneren des zweigeteilten begehbaren Betonrings. Und formuliert einen Wunsch für die Zukunft: »Dass nie eine Mutter mehr ihren Sohn beweint«.

Adresse 17419 Garz | **Anfahrt** B 100 nach Usedom, in Zirchow rechts, um auf B 110 zu bleiben, rechts Richtung Garz abbiegen, weiter bis Kamminke, zu Fuß weiter auf den Golm | **Tipp** In Garz befindet sich eine hübsche Feldsteinkirche, in der eine geschichtliche Ausstellung über den Golm zu sehen ist. Die Kirche hat keinen Turm, sondern einen frei stehenden Glockenstuhl aus Holz neben dem Gebäude.

88 Die Bäderarchitektur

Eindrucksvoller Mix der Stilepochen

Ahlbeck, Heringsdorf und Bansin – die drei Kaiserbäder sind das Aushängeschild Usedoms. Unglaubliche 8,5 Kilometer misst die Strandpromenade, die sich durch alle drei Seebäder zieht und damit die längste in ganz Europa ist. Begrenzt wird sie auf nordöstlicher Seite meist von einem Grünstreifen aus Dünen und Bäumen, hinter dem sich der so wundervoll feine weiße Sandstrand verbirgt. Auf der gegenüberliegenden Seite reihen sich prächtige Villen, wie Perlen auf eine Kette gezogen, aneinander. Eine prächtiger als die andere, mit ihren Erkern, Säulen, Balkonen, Dreiecksgiebeln, Freitreppen, aufwendigen Verzierungen und filigranen Holzarbeiten. Jede Villa erzählt ihre eigene Geschichte über den Status und den Geschmack ihres Besitzers.

Denn die Bäderarchitektur ist nicht, wie man dem Namen nach vermuten könnte, eine eigene Stilrichtung. Klassizismus, Historismus, Jugendstil oder auch eine Anlehnung an den Stil der Renaissance – in den Seebädern ist alles zu finden. Die Bauherren schufen, was ihnen gefiel, und stellten mit den Sommerresidenzen ihren Reichtum zur Schau.

Auch in Heringsdorf weiß man gar nicht, welche der prachtvollen Villen nun die schönste von allen ist. Denn jede ist auf ihre Weise besonders. Besonders auffällig, weil sie durch ihren gelben Anstrich schon von Weitem erkennbar ist, ist die Villa Oechsler. Benannt ist sie nach ihrer letzten Besitzerin vor dem Zweiten Weltkrieg, Elise Oechsler, die Ehefrau eines Nürnberger Fabrikanten war. 1883 wurde das Gebäude als Haus Berthold im Stil des Klassizismus errichtet. Markante Stilmerkmale sind die beiden Säulen, die aus Porphyr gefertigt wurden, und der Dreiecksgiebel. Der ist mit einem wertvollen Glasmosaikbild verziert, das das Werk »Badende Grazien« von Antonio Salviati zeigt. In der DDR diente das Haus als Gemeindebibliothek, gelangte nach der Wende wieder in Privatbesitz und wurde aufwendig saniert.

Adresse Delbrückstraße 5, 17424 Ostseebad Heringsdorf | Anfahrt A 20, Ausfahrt Gützkow, B 111 Richtung Usedom, nach Ückeritz links halten und bis Heringsdorf fahren, links auf Friedenstraße, rechts auf Delbrückstraße, an der Gabelung links halten, viele Villen kann man von der Promenade ab Seebrücke in Richtung Ahlbeck aus sehen | Tipp Wenn man von der Seebrücke aus auf der Strandpromenade in Richtung Bansin geht, fällt einem bald ein kreisrundes Gebäude mit gefaltetem Dach ins Auge. Den Kunstpavillon gibt es seit 1970, hier finden Ausstellungen, Konzerte und Lesungen statt.

89__Das Korbwerk

Moderner Name, traditionsreiches Handwerk

2.000 Strandkörbe. Jedes Jahr. In Handarbeit gefertigt. Die Handwerker in der Heringsdorfer Strandkorbmanufaktur »Korbwerk« haben gut zu tun. Denn viele Strandkorbvermieter an den deutschen Küsten von Ost- und Nordsee vertrauen auf die Qualität der geflochtenen Sitzmöbel aus Heringsdorf. Sogar die Staatsoberhäupter beim G8-Gipfel in Heiligendamm nahmen in einem eigens für den hochkarätig besetzten Fototermin angefertigten, extrabreiten Exemplar Platz, das aus dieser Manufaktur stammt. Damals zwar noch unter anderem Namen und mit anderen Gesellschaftern tätig, aber mit einer langen Historie, auf die man zurückblicken konnte.

Es war im Jahr 1925, als Carl Martin Harder in Wolgast die Erste Pommersche Strandkorbfabrik gründete. Da war die Geschichte des Strandkorbes rund 40 Jahre alt.

1882 beauftragte die von Rheuma geplagte Elfriede von Maltzahn den Rostocker Hofkorbmacher Wilhelm Bartelmann damit, ihr eine Sitzgelegenheit zu flechten, die sie vor dem Ostseewind und auch vor allzu viel Sonne schützen sollte. Der Handwerksmeister erfüllte ihr diesen Wunsch, und der erste Strandkorb der Welt fand seinen Weg an den Warnemünder Strand. Kaum war er ausgeliefert, begann schon sein Siegeszug an den deutschen Ostsee- und später auch an den Nordseestränden.

Doch zurück zu Carl Martin Harder und seiner Strandkorbfabrik, die seit der Zerstörung der Bartelmann'schen Produktionsstätte im Zweiten Weltkrieg als älteste ihrer Art gilt. 1933 siedelte der Betrieb nach Heringsdorf um, und die Erfolgsgeschichte der Manufaktur nahm ihren Lauf. – Bis sie 2008 während der Bankenkrise Insolvenz anmelden musste. Doch das Unternehmen konnte gerettet und unter dem Namen »Korbwerk« fortgeführt werden. Zur Freude der Strandkorbvermieter und der vielen Privatpersonen, die sich mit dem eigenen Strandkorb ein Stück Urlaubsgefühl in den heimischen Garten holen.

Adresse Waldbühnenweg 2, 17424 Ostseebad Heringsdorf, www.korbwerk.de | **Anfahrt** A 20, Ausfahrt Gützkow, B 111 Richtung Usedom, nach Ückeritz links halten und bis Heringsdorf fahren, rechts auf Am Bahnhof, sofort nochmals rechts auf Waldbühnenweg | **Öffnungszeiten** Mo–Fr 9–17 Uhr, Werksführungen: Do 10 Uhr | **Tipp** Als hätte Usedom mit der Ostsee, dem Achterwasser und dem Stettiner Haff nicht genug Wasser um sich, gibt es auf der Insel noch eine Reihe von Seen. Beim Bansiner Hotel Bergmühle gibt es den Sieben-Seen-Blick, von dem aus man – na, wie viele wohl – sehen kann.

90 Die Volkssternwarte

Das Häuschen hat es in sich

Direkt hinter den Dünen von Heringsdorf steht ein kleines Häuschen, das auf den ersten Blick recht unauffällig daherkommt. Kiosk? Toilettenhäuschen? Strandkorbverleih? Weit gefehlt. Denn bei klarem Abendhimmel kann es sein, dass man miterlebt, wie sich plötzlich das auf Rollen gelagerte Dach des kleinen Gebäudes öffnet und auseinanderschiebt. Dann kommt zum Vorschein, was wirklich in dem Häuschen steckt: ein Spiegelteleskop, das die Beobachtung der Himmelskörper mit 720-facher Vergrößerung ermöglicht. Hier, inmitten der Dünen von Usedom, steht nämlich die Volkssternwarte Manfred von Ardenne.

Der angesehene Physiker, der seinen Urlaub regelmäßig in seinem Heringsdorfer Ferienhaus verbrachte, war leidenschaftlicher Hobbyastronom. 1960 regte er die Einrichtung einer für die Öffentlichkeit zugänglichen Sternwarte in seinem Ferienort an und stiftete dafür auch die notwendige Ausstattung. Er schenkte der Gemeinde das Spiegelteleskop – einen Cassegrain-Reflektor mit 250 Millimetern Öffnung und vier Metern Brennweite –, das er 1930 für seine private Sternwarte in Berlin gekauft hatte. Zusätzlich erwarb die Gemeinde Heringsdorf später noch ein kleineres Teleskop mit bis zu 140-facher Vergrößerung.

Eine Hinweistafel am Haus gibt Auskunft, wann man an einer Führung mit Himmelsbeobachtung in der Sternwarte teilnehmen kann – immer vorausgesetzt, dass nicht allzu viele Wolken den Abendhimmel verschleiern. Dann erfährt man Wissenswertes über die Himmelskörper, die man beobachten kann, und die Technik, mit der so ein Spiegelteleskop funktioniert. Und das alles mit Meeresrauschen im Hintergrund. Ein einmaliges Erlebnis!

Ob Manfred von Ardenne selbst regelmäßig in der nach ihm benannten Sternwarte mit dem von ihm gestifteten Teleskop nach oben guckte, ist nicht überliefert. Usedom jedoch war auf einmal um eine Sehenswürdigkeit reicher.

Adresse Strandpromenade, 17424 Ostseebad Heringsdorf, www.sternwarte-usedom.de | **Anfahrt** A 20, Ausfahrt Gützkow, B 111 Richtung Usedom, nach Ückeritz links halten und bis Heringsdorf fahren, links auf Friedenstraße, bis zur Kreuzung Delbrückstraße fahren, die Sternwarte liegt in den Dünen, nahe der Seebrücke | **Öffnungszeiten** wechselnd, Hinweistafel am Haus beachten oder unter Tel. 038378/471650 erfragen | **Tipp** Die benachbarte Heringsdorfer Seebrücke muss man ebenfalls gesehen haben. Schließlich ist sie mit 508 Metern die längste in Deutschland.

91__Die Karniner Hubbrücke

Brücke ins Nirgendwo

Mitten im Peenestrom, der den Südteil der Insel Usedom vom Festland trennt, liegt ein monströses Bauwerk aus Stahl, dessen Zweck sich nicht auf den ersten Blick erschließt. Es handelt sich dabei um eine Hubbrücke, die Schiffen eine ungehinderte Durchfahrt ermöglichen soll. Eigentlich nichts Ungewöhnliches, nur dass eine Fahrt über diese Brücke ins Nirgendwo führt. Die Anschlussteile fehlen, sowohl in Richtung Karnin auf Usedom als auch nach Kamp auf dem vorpommerschen Festland. Funktionsfähig und im Einsatz war die ehemalige Eisenbahnbrücke nur im Dritten Reich. 1933 wurde sie als Teil der Eisenbahnstrecke von Wolgast nach Ducherow fertiggestellt, die einmal quer über die Insel Usedom, mit Abstecher nach Swinemünde, verlief. Ihre Zerstörung erfolgte durch deutsche Truppen unmittelbar vor Ende des Zweiten Weltkriegs. Dass der Teil der Hubbrücke, unter dem die Fahrrinne hindurchführte, unversehrt blieb, hatte einen strategischen Hintergrund: Im Stettiner Haff lagen noch deutsche Marineeinheiten, denen man eine freie Durchfahrt bis in die Ostsee ermöglichen wollte. Wäre die komplette Brücke zerstört worden, hätten die Trümmer diesen Weg versperrt.

Nun steht das 52 Meter lange und 35 Meter hohe Mittelteil der ehemals 350 Meter langen Brücke einsam und allein als technisches Denkmal im Peenestrom. Denn nach 1945 wurden die zerstörten Brückenträger geborgen und die Bahnstrecke fortan über das polnische Swinemünde geführt. Dass die Hubbrücke heute noch steht, hat sie einer Brutkolonie von Turmfalken zu verdanken, die es sich auf der Stahlkonstruktion gemütlich gemacht hatte. Naturschutzaktivisten konnten so in letzter Minute den Abriss verhindern. Später übernahm der Verein der Usedomer Eisenbahnfreunde die Aufgabe, sich um den Erhalt der Hubbrücke und des Empfangsgebäudes in Karnin zu kümmern. Er setzt sich auch für die Wiederbelebung der Strecke ein.

Adresse 17406 Karnin | Anfahrt B 110 nach Usedom, rechts nach Zecherin, rechts nach Karnin, in Karnin 1. Möglichkeit rechts abbiegen | Tipp Im zwölf Kilometer entfernten Stolpe befindet sich das gleichnamige Schloss, in dem viele kulturelle Veranstaltungen stattfinden.

92 Lüttenort

Außergewöhnlich und authentisch

Nur 100 Meter. So breit ist der Landstreifen, der den West- und Ostteil der Insel Usedom zusammenhält. Hier, an dieser engsten Stelle zwischen Ostsee und Achterwasser, liegt Lüttenort. Im norddeutschen Dialekt könnte dieser Name eine Beschreibung dafür sein, dass das Land hier so schmal ist. Schließlich ist »lütten« die regionaltypische Bezeichnung für klein. Aber Lüttenort soll heißen, dass dies der Ort des »Lütten« ist. Der Lütter war ein kleines Segelboot, das seinen Besitzer nach Usedom und eben an diese engste Landstelle gebracht hat. Und dieser Segler, der sich hier niederließ, war kein Geringerer als Otto Niemeyer-Holstein.

Während sich Kunstbanausen nun fragen, wer das sein soll, weiß der an Kunst interessierte Leser diesen Namen einem der wichtigsten realistischen Expressionisten in der zweiten Hälfte des 19. Jahrhunderts zuzuordnen. Bei einem Segeltörn auf dem Achterwasser legte er an der schmalsten Landstelle Usedoms an und beschloss, dass dieses karge Landstück seine neue Heimat werden sollte. Ein ausrangierter Berliner S-Bahn-Waggon diente zunächst als Unterschlupf für die Familie. Später wurde er durch Anbauten erweitert, sodass genug Raum zum Leben und Malen war. Noch heute sieht das Atelier des verstorbenen Malers aus, als würde er jeden Moment zurückkommen und das begonnene Werk auf der Staffelei vollenden.

Beeindruckend ist auch der Blick in den Garten. Kaum zu glauben, dass dieses Kleinod beim Einzug der Niemeyers eine reine Sandwüste war. Heute befindet sich hinter den hohen Pappeln ein dichter Bewuchs, der verschiedene Skulpturen von Künstlerfreunden des Hausherren umrahmt. Ergänzt wird das kleine Gesamtkunstwerk in Lüttenort durch einen Galerieanbau aus der Jahrtausendwende, der das Werk Niemeyer-Holsteins und seiner Zeitgenossen in wechselnden Ausstellungen beleuchtet, aber auch Raum für Konzerte und Lesungen bietet.

Adresse Lüttenort 1, 17459 Ostseebad Koserow, www.atelier-otto-niemeyer-holstein.de | **Anfahrt** A 20, Ausfahrt Gützkow, B 111 Richtung Usedom, nach der Durchfahrt von Zemplin rechts nach Lüttenort | **Öffnungszeiten** Mitte April–Mitte Okt. täglich 10–17 Uhr, Mitte Okt.–Mitte April Mi, Do, Sa, So 10–16 Uhr, Führungen und Termine auf der Website | **Tipp** Auf der Ostseebühne in der Seestraße im nahe gelegenen Zinnowitz finden jeden Sommer die Vineta-Festspiele unter freiem Himmel statt.

93 Der Streckelsberg

Endmoräne mit traumhafter Aussicht

Der letzten Eiszeit ist es zu verdanken, dass Mecklenburg-Vorpommern eine so wunderbar vielfältige Küstenlandschaft hat. So auch an der Usedomer Steilküste bei Koserow, die durch eine Endmoräne geformt wurde. Von Gletschermassen transportiertes Gestein und Geröll lagerte sich zu einem mehrere hundert Meter mächtigen Wall ab. Der Streckelsberg war entstanden. Doch die Erosion durch Wasser und Wind nagte an ihm – allein in den letzten 300 Jahren schrumpfte er um rund 250 Meter. Und so beträgt seine Höhe heute nur noch knappe 60 Meter – wobei sich diese Zahl schon bald wieder geändert haben kann.

Aber die Usedomer kämpfen mit aller Kraft gegen den Landschwund am Streckelsberg. Im Wasser mit Wellenbrechern und Buhnen sowie an Land durch eine Schutzmauer und künstliche Sandanspülungen. Und natürlich durch Aufforstungsmaßnahmen. Dem Förster, dem dies Anfang des 19. Jahrhunderts besonders erfolgreich gelang, wurden sogar eine Straße – die Förster-Schrödter-Straße in Koserow – und ein Gedenkstein gewidmet. So wichtig ist den Menschen der Schutz des Streckelsbergs.

Wer einmal oben war, der versteht, warum. Hier wird nicht einfach nur Küstenschutz betrieben, sondern einer der schönsten Aussichtspunkte der Insel erhalten. Der Blick reicht bei gutem Wetter bis zum Rügener Mönchsgut und den Kreidefelsen. Und natürlich über die gesamte Außenküste Usedoms und die Ostsee. Daher errichtete auch die Wehrmacht der Nationalsozialisten auf dem Streckelsberg einen Beobachtungsturm, der 1997 abgetragen wurde. Der Posten diente einerseits der Sicherung wichtiger Hafenstädte wie Swinemünde und Stettin, er wurde aber auch als Messstation für die Raketentests genutzt, die von der Heeresversuchsanstalt Peenemünde aus unternommen wurden. Heute herrscht hier wesentlich mehr Ruhe, und beobachtet werden nur ein paar Sing- oder Wasservögel.

Adresse 17459 Ostseebad Koserow | **Anfahrt** A 20, Ausfahrt Gützkow, B 111 Richtung Usedom, in Koserow links auf Achterstraße, links auf Fischerstraße, weiter auf Kreuzstraße, rechts auf Vinetastraße, links auf Meinholdstraße, weiter zu Fuß auf den Streckelsberg | **Tipp** An der Seebrücke befinden sich die Koserower Salzhütten. In solchen Hütten wurde im 19. Jahrhundert überall auf der Insel Salz gelagert, um damit Heringe haltbar zu machen. In den Koserower Hütten befinden sich heute Räucherfischbuden, Souvenirgeschäfte et cetera.

94 Der Weinberg

Rebensaft aus dem hohen Norden

Loddin ist ein kleines Seebad auf Usedom, das mit den berühmten Kaiserbädern eigentlich nur den feinen Sandstrand gemein hat. Ansonsten findet man hier, auf dem schmalen Landstreifen zwischen Ostsee und Achterwasser, ein historisches Fischerdorf mit vielen reetgedeckten Häusern, eine bis zu 40 Meter hohe Steilküste, einen See mit naturbelassenen Uferzonen, Waldflächen, Wiesen und Moore … und einen Weinberg. An einem Südwesthang, mit Blick auf das Achterwasser, stehen exakt 99 Rebstöcke, auf denen die Trauben der Sorten Chardonnay und Cabernet Sauvignon für das »Loddiner Abendrot« reifen. Der nördlichste Weinberg Deutschlands liefert jedes Jahr bis zu 90 Flaschen kräftigen trockenen Rotwein. Eine überschaubare Menge, die bei einem eingefleischten Weintrinker höchstens für den jährlichen Eigenbedarf ausreicht. Doch das ist nicht der Grund, warum Hobbywinzer Peter Noack seinen »Abendrot« nicht zum Verkauf anbietet. Er darf es gar nicht. Dafür müsste er das »Hobby« vor dem Winzer streichen und alle Regularien des Weinbaus erfüllen. Und dann bliebe ihm zu wenig Zeit für sein eigentliches Gewerbe. Noack betreibt nämlich eigentlich das Loddiner Fischrestaurant Waterblick.

Die Idee, am Hang hinter dem Restaurant einen Weinberg anzulegen, ist dem Gastronomen auf der Suche nach einer ungewöhnlichen Attraktion für sein Restaurant gekommen. Aber die Inspiration dafür nahm er aus der Historie – auf der Sonneninsel hatten zu DDR-Zeiten viele Menschen ein paar Rebstöcke für den Eigenbedarf. Und mit dem Klimawandel könnte es in Zukunft vielleicht sogar professionelle Winzer im Norden geben. Schließlich wurde in Norddeutschland, Dänemark und England während des 12. bis 14. Jahrhunderts – einer recht warmen Klimaperiode – Weinbau in großem Stil betrieben. Peter Noack wird dies wohl nicht tun. Er will bei seinen 99 Rebstöcken bleiben, wäre es einer mehr, wäre er kein entspannter Hobbywinzer mehr. Und so bleibt der »Loddiner Abendrot« besonders netten Gästen des Waterblicks vorbehalten, die der Chef mal probieren lässt.

Adresse Weinstraße/Am Mühlenberg 5, 17459 Loddin, www.waterblick.de | **Anfahrt** A 20, Ausfahrt Gützkow, B 111 Richtung Usedom, nach Koserow rechts auf Ausbau/Zum Herrenberg, weiter auf Am Achterwasser, im Kreisverkehr 1. Ausfahrt auf Dorfstraße, rechts auf Am Mühlenberg | **Tipp** Vom Weinberg aus kann man eine kleine Wanderung auf dem Hochuferweg entlang der Steilküste des Achterwassers bis zur Spitze des Loddiner Höfts unternehmen.

95__Das Wasserschloss

Adelssitz im Zentrum der Insel

Mitten im Herzen der Insel Usedom liegt das kleine Dörfchen Mellenthin mit seinen knapp 500 Einwohnern. Ein Ort, der schon früh besiedelt war, wie viele urzeitliche Funde aus der Umgebung beweisen. Im Frühmittelalter ließ sich der slawische Stamm der Liutizen hier nieder und errichtete eine mächtige Wallburg, deren Reste sich heute noch im Mellenthiner Wald befinden.

Zum Adelssitz wurde Mellenthin ab dem 14. Jahrhundert, als es in den Besitz der Familie von Neuenkirchen kam. Bis zur Mitte des 17. Jahrhunderts war der Ort deren Stammsitz, für den sie sich zwischen 1575 und 1580 ein herrschaftliches Wasserschloss erbauen ließen – das einzige auf der Insel Usedom. Mit dem Tod des letzten Stammhalters von Neuenkirchen standen der Anlage unruhige Zeiten mit vielen Besitzerwechseln bevor. In der DDR wurde sie letztlich öffentlich als Kindergarten und Heimatmuseum genutzt.

2001 gelangte das Wasserschloss wieder in Privatbesitz. Trotzdem ist es für die Öffentlichkeit zugänglich: Es beherbergt ein Hotel und ein Restaurant mit eigener Brauerei und Kaffeerösterei. Über eine Brücke kommt man auf den Hof, der von der dreiflügeligen Schlossanlage umrahmt wird.

Während die Fassaden der Seitenflügel dem Besucher in frisch saniertem Weiß entgegenstrahlen, wartet das Hauptgebäude auf die Verschönerungsprozedur und kommt noch etwas verwittert daher. Aber genau das verleiht ihm seinen besonderen Charme. Zusammen mit dem groben Pflaster fühlt man sich auf einen Landsitz in der Bretagne oder nach Cornwall versetzt. Im Sommer nimmt man im gemütlichen Innenhof bei ansprechender regionaler Küche oder frisch gezapftem Bier Platz. Das ganze Jahr über empfehlenswert ist der Besuch einer der zahlreichen Veranstaltungen auf Schloss Mellenthin, wie die klassischen und modernen Konzerte. Oder man schlendert einfach durch den Schlosspark und genießt das satte Grün drumrum.

Adresse Dorfstraße 25, 17429 Mellenthin, www.wasserschloss-mellenthin.de | Anfahrt B 110 nach Usedom, links auf B 111, links auf Chausseeberg nach Mellenthin, rechts auf Morgenitzer Berg, an der Gabelung rechts halten auf Dorfstraße | Tipp In der für die Insel namensgebenden Stadt Usedom findet man noch einen historischen Stadtkern mit Teilen der mittelalterlichen Stadtbefestigung und dem Anklamer Tor, dem einzig erhaltenen Stadttor Usedoms.

96 Das Historisch-Technische Museum

Grundsteinlegung für die Raumfahrt

Die ehemalige Heeresversuchsanstalt (HVA) in Peenemünde ist einerseits eine technische Anlage, die im frühen 20. Jahrhundert einzigartig war. Mit den hier ansässigen Forschungs- und Entwicklungsarbeiten wurde *die* Pionierarbeit für die Raumfahrt geleistet. Die Erfahrung, die Wernher von Braun als technischer Direktor der HVA sammelte, beförderte später Neil Armstrong zum Mond. Doch genau in dieser technischen Brillanz, für die von Braun gefeiert wurde, liegt eine besondere Ambivalenz.

Denn unter der Leitung von Brauns entwickelte eine Gruppe von Wissenschaftlern die »Aggregat 4« – die erste flugfähige Großrakete. Mit ihr war es zum ersten Mal möglich, die Grenze zum Weltraum in 100 Kilometern Höhe zu durchstoßen. Doch die NS-Führung hatte keine bemannten Flüge ins All im Sinn, als sie 1936 die Heeresversuchsanstalt einrichtete und mit der Raketenentwicklung begann. Die Trägerrakete wurde konzipiert, um eine Tonne Sprengstoff über 250 Kilometer weit befördern zu können. Im Zweiten Weltkrieg wurde sie eingesetzt und erhielt zu Propagandazwecken den Namen V2 – »V« für Vergeltungswaffe für die Bombenangriffe der Alliierten. Besonders dramatisch: Die V2 hatte durch mangelnde Zielgenauigkeit kaum militärischen Nutzen, sondern wurde vorwiegend zu Angriffen auf die Zivilbevölkerung genutzt. Doch die Raketen kosteten noch viel mehr Menschen das Leben: Die Produktion konnte nur durch KZ-Häftlinge, Kriegsgefangene und Zwangsarbeiter umgesetzt werden. 20.000 von ihnen ließen in der Hauptproduktionsstätte im KZ Mittelbau Dora ihr Leben.

Dieser schwerwiegenden Thematik widmet sich das Museum auf dem Gelände der HVA in gelungener Weise. Die wissenschaftliche Leistung wird anerkannt, während die zerstörerischen Folgen aufgezeigt werden und der zivilen Opfer gedacht wird.

Adresse Im Kraftwerk, 17449 Peenemünde, www.museum-peenemuende.de | Anfahrt A 20, Ausfahrt Gützkow, B 111 Richtung Usedom, links Richtung Trassenheide/Peenemünde, in Karlshagen rechts abbiegen, die Bahntrasse überqueren und gleich nach links Richtung Peenemünde, dort leicht rechts auf Bahnhofstraße, in der der Museumsparkplatz liegt | Öffnungszeiten April–Sept. täglich 10–18 Uhr, Okt. täglich 10–16 Uhr, Nov.–März Di–So 10–16 Uhr | Tipp In Peenemünde liegt auch das U-Boot »Juliett U-461«, in dem sich das größte Museum seiner Art weltweit befindet.

97 Der Lieper Winkel

Naturidyll am Achterwasser

Unter Naturliebhabern ist das Usedomer Achterland, also das Hinterland der drei Kaiserbäder, längst kein Geheimtipp mehr. Von Achterwasser, Peenestrom und Stettiner Haff umgeben, spricht der südöstliche Teil Usedoms besonders die Urlaubsgäste an, die auch einmal abseits vom Trubel der Promenaden und Seebrücken sein und die Ruhe der Landschaft genießen möchten.

Diejenigen, die es noch ein bisschen ruhiger, unberührter und wenigstens etwas geheim haben möchten, sollten den abgelegensten Teil des Achterlands besuchen. Der Lieper Winkel ist eine pilzförmige Halbinsel, die nach Norden ins Achterwasser hineinragt und bei der man keineswegs spürt, dass sie zu einer der meistbesuchten Inseln des Landes gehört. Die kleinen Dörfer mit den reetgedeckten Häusern und den blütenreichen Gärten scheinen gerade erst aus dem Dornröschenschlaf wachgeküsst.

Über viele Jahrhunderte lagen sie tatsächlich fast in selbigem. Denn die Halbinsel war ein sumpfiges Gebiet und die Dörfer bis Ende des 19. Jahrhunderts nur per Boot erreichbar. Mittlerweile gibt es feste Straßen, und die Hauptstraße, die auf und über die Halbinsel führt, ist die schönste unter ihnen, da sie teilweise als Allee ausgebaut ist. Am Eingang der Halbinsel, also quasi dem Stiel des Pilzes, liegt der Hauptort Rankwitz mit dem 18 Meter hohen Jungfernberg. Er ist die höchste Erhebung des Lieper Winkels und der perfekte Einstieg, um sich einen Überblick über dieses Kleinod mit dem schilfumsäumten Ufer zu verschaffen. Im namensgebenden Örtchen Liepe kann man die älteste Kirche Usedoms besuchen. Das Gotteshaus geht auf das 12. Jahrhundert zurück und wurde im 18. Jahrhundert nach Einsturz des Kirchendachs im Innenraum neu gestaltet.

Zum Abschluss sollte man sich noch ein Päuschen an dem kleinen Hafenbecken von Warthe gönnen, in dem ein paar Ruderboote und Wassertreter liegen, und einfach die Stille des Ortes genießen.

Adresse 17406 Rankwitz | **Anfahrt** B 110 nach Usedom, links Richtung Rankwitz | **Tipp** Ein etwas größerer Hafen befindet sich in Rankwitz. Von hier aus kann man Schiffsfahrten mit der »Alten Liebe« unternehmen, Räucherfisch kaufen oder direkt vor Ort in der Gaststätte genießen.

98 Die Schmetterlingsfarm

Tropische Insekten auf der Ostseeinsel

Usedom ist eine der sonnenreichsten Inseln Deutschlands. Teilweise ist das Klima fast schon tropisch. Nun gut, die zweite Aussage mag etwas übertrieben sein, für einen Ort auf Usedom trifft er jedoch absolut zu. Und zwar ganzjährig. Im Schmetterlingspark Trassenheide herrschen konstante 28 Grad Celsius, mit einer Luftfeuchte von 80 Prozent. Ansonsten würden sich die rund 2.000 Schmetterlinge, die frei in der Tropenhalle der insgesamt 5.000 Quadratmeter großen Anlage herumfliegen, nicht wohlfühlen. Mit diesen Dimensionen ist es die größte Schmetterlingsfarm in Europa.

Doch in Trassenheide gibt es nicht nur Schmetterlinge zu bestaunen. Auch das Insektarium, das seit 2013 in Form einer 150 Quadratmeter großen Grotte neu eröffnet wurde, zieht viele Besucher an. Vogelspinnen, Stabheuschrecken, Goliathkäfer und Co. sind nur ein paar Vertreter der gezeigten Rieseninsekten und Spinnentiere. Diese sind allerdings nicht wie die Schmetterlinge hautnah zu erleben, sondern hinter Glasscheiben in 40 Terrarien untergebracht. Zumindest was die Vogelspinnen betrifft, dürften die meisten Besucher diesen Umstand begrüßen.

Seit 2005 gibt es den Schmetterlingspark auf Usedom, und er hat sich in kürzester Zeit zu einem Touristenliebling entwickelt. Schon nach fünf Betriebsjahren konnten insgesamt eine Million Besucher gezählt werden. Für den Betreiber erfüllt sich mit der Ausstellung ein Traum. Denn mit der Sammlung von Schmetterlingen setzt er eine 150-jährige Familientradition fort: bereits sein Urgroßvater, Großvater und Vater erforschten die Schmetterlinge und Insekten der Tropen. Nach 15 Jahren eigener Forschungsarbeit im thailändischen Urwald hat er sich Seidenspinner, Ritterfalter und Baumnymphen zusammen mit vielen anderen Arten aus Südostasien, Mittelamerika und Zentralafrika nach Deutschland geholt. In die Freiflughalle, einen 2.600 Quadratmeter großen Regenwald mitten auf Usedom.

Adresse Wiesenweg 5, 17449 Ostseebad Trassenheide, www.schmetterlingsfarm.de | **Anfahrt** B 111 nach Usedom, nach Bannemin links Richtung Trassenheide, rechts ins Gewerbegebiet Wiesenweg | **Öffnungszeiten** März–Okt. 9.30–18.30 Uhr, Nov.–Feb. 10–17 Uhr (Kassenschluss eine Stunde vorher) | **Tipp** An der Strandpromenade von Zinnowitz befindet sich die Bernsteintherme. Die warmen Schwimmbecken und die Saunalandschaft laden gerade an kühlen Tagen zur Entspannung ein.

99_Das Kulturhaus

Kaputt, aber eindrucksvoll

In einem kleinen Park, mitten im Zentrum des Seebades Zinnowitz, liegt das ehemalige Kulturhaus des Ortes. Völlig verfallen und zugleich sehr majestätisch. Über dem Hauptportal mit der großen Freitreppe prangt der Name des Gebäudes in verblassten Buchstaben. Blickfang ist das L, das etwas schief hängt. Fast wie bei einem Schriftzug, dem ein Werbegrafiker etwas mehr Pepp verleihen wollte. Doch wenn die Werbeexperten sich das Kulturhaus Zinnowitz vorknöpfen, wird das L sicher wieder gerade gerückt werden. Und das wird schon bald der Fall sein. Denn in der eindrucksvollen Ruine sollen bis 2015 luxuriöse Eigentumswohnungen mit eigenem Spa-Bereich entstehen. Die Anlage dient künftig also wenigen privaten Nutzern, die sich durch ihren Wohlstand individuellen Luxus erkaufen können. Ein krasser Gegensatz zu dem Zweck, für den sie einst erbaut wurde.

1953 wurde das »Kulturhaus Deutsch-Sowjetische Freundschaft« als zentraler Veranstaltungskomplex für Zinnowitz errichtet, das sich nach dem Zweiten Weltkrieg zum »Ersten Seebad der Werktätigen« entwickeln sollte. Das mehrflügelige Gebäude beherbergte ein Tanzcafé, einen Kino- und Theatersaal mit 900 Sitzplätzen, eine Bibliothek und einen Speisesaal. Bis in die 1980er Jahre diente es als kulturelles Zentrum für jedermann, der auf Usedom Erholung vom Arbeitsalltag suchte.

Sozialistischer Klassizismus – in diesem Baustil wurden unter Machthaber Stalin viele repräsentative Bauten der Sowjetunion und anderer sozialistischer Staaten errichtet. Das Kulturhaus Zinnowitz zeigt deutlich, wie sich diese Architektur an den Formen traditioneller Stilepochen orientiert. Während der vorgelagerte Park von 2008 bis 2009 neu gestaltet und zur zentralen Grünanlage des Seebads aufgewertet wurde, musste der Gebäudekomplex noch etwas auf seine Sanierung warten. Doch ab 2015 erstrahlt er wieder in neuem Glanz und prägt das Ortsbild maßgeblich.

Adresse Dannweg/Dr.-Wachsmann-Straße, 17454 Ostseebad Zinnowitz | **Anfahrt** A 20, Ausfahrt Gützkow, B 111 Richtung Usedom, bei Zinnowitz links auf Möskenweg, im Kreisverkehr 1. Ausfahrt auf Neue Strandstraße, der Park mit dem Kulturhaus liegt links zwischen Dannweg und Dr.-Wachsmann-Straße | **Tipp** An der Seebrücke in Zinnowitz wurde 2006 die weltweit erste Tauchgondel eröffnet. Sie befördert bis zu 24 Personen trockenen Fußes auf den Meeresgrund.

100_ Der Hangar 10

Erlebniswelt nicht nur für Flugzeugfans

Er ist einer der kleinsten, aber auch gleichzeitig einer der ältesten Verkehrsflughäfen Deutschlands: der Flughafen Heringsdorf. Zwar trägt er den bekannten Namen des rund acht Kilometer entfernten Seebads, tatsächlich liegt er aber auf dem Gebiet der Gemeinden Zirchow und Garz. Und weil hier Starts und Landungen, Abfertigungen und Gepäckkontrollen nicht so viel Platzbedarf haben, wurde ein Teil der Räumlichkeiten für andere Nutzungen geräumt. So zogen 2011 im »Hangar 10« ein knappes Dutzend historischer Fluggeräte aus den 30er bis 50er Jahren ein. Die Besonderheit: Nahezu alle Maschinen sind noch flugfähig und gehen auch noch regelmäßig in die Luft. Ergänzt wurde die Ausstellung durch ein passendes Restaurant. Nicht nur die Fliegerfotos an der Wand, sondern auch die von Stahl und Leder dominierten Sitzgruppen im Stil der 30er Jahre sind wie für diesen Ort gemacht. Ergänzt durch eine gehobene Küche ist der Hangar perfekt für einen Ausflug in ungewöhnliches Ambiente.

2013 wurde das Konzept durch weitere Attraktionen ergänzt, um aus dem Flughafengelände ein Ausflugsziel für die gesamte Familie zu machen. Eine Indoor-Spielewelt soll besonders die jüngeren Gäste ansprechen und eine attraktive Alternative bieten, wenn man mal nicht an den Strand will. Aber auch bei den Spielangeboten wird thematisch an die eigentliche Bestimmung des Ortes angeknüpft. Denn auch hier kann man wortwörtlich in die Luft gehen – im Kletterparcours in drei Metern Höhe.

Und virtuell im interaktiven Zwei-Mann-Simulator. In dem kann man aber nicht nur fliegen, sondern auch in eine faszinierende Unterwasserwelt abtauchen oder eine rasante Achterbahnfahrt erleben. Wer anschließend gar nicht mehr vom Hangar wegzukriegen ist, kann auch gleich den gesamten Urlaub hier verbringen und sich in einem der beiden Ferienappartements auf dem Gelände einquartieren.

Adresse An der Haffküste 1/Hangar 10a, 17419 Zirchow, www.hangar10.de | Anfahrt B 110 nach Usedom, in Zirchow rechts auf Lindenstraße, an der Gabelung rechts halten und auf Lindenstraße bleiben, die Straße führt direkt zum Hangar | Öffnungszeiten wechselnd gemäß Webseite | Tipp Wer nicht nur im Simulator fliegen möchte, kann am Hangar 10 auch Rundflüge mit historischen oder modernen Flugzeugen und Helikoptern buchen.

101 Der Caspar-David-Friedrich-Blick

Die Stadt mit den Augen des Künstlers sehen

Caspar David Friedrich, Landschaftsmaler, gebürtiger Greifswalder und der berühmteste Sohn der Stadt. Er hielt die Schönheit seiner Heimatstadt und der ganzen Region mit Ölfarben auf Leinwand fest. Nordwestlich von Greifswald, zwischen den Dörfern Wackerow und Neuenkirchen, hat die Stadt dem Künstler ein Denkmal in Form eines Aussichtspunktes, des »Caspar-David-Friedrich-Blicks«, gesetzt. Diese Stelle wurde ganz bewusst dafür ausgewählt, denn von hier aus kann man sehen, wie der Künstler einst seine Geburtsstadt gesehen hat. An diesem Punkt – oder zumindest in der Nähe davon – muss Friedrich mit seiner Staffelei gestanden haben, als er das Bild »Wiesen bei Greifswald« gemalt hat. Wer das Bild kennt und den Aussichtspunkt besucht, kann Erstaunliches feststellen: Die Aussicht hat sich seit beinahe 200 Jahren nur wenig verändert. Das ist besonders ungewöhnlich, da sich die meisten Städte im 19. und 20. Jahrhundert weit über ihre Stadtgrenzen hinaus ausgedehnt haben.

Aber nicht so im Greifswalder Nordwesten. Dort sind die Bodenverhältnisse nicht geeignet, um größeren Baumaßnahmen standzuhalten. Somit entstanden die Vorstädte, Industriegebiete und Neubausiedlungen fast ausnahmslos in südöstlicher Richtung, und im Nordwesten wird die Altstadt von Greifswald von Wiesen und Feldern begrenzt. Und so sieht der Besucher die Stadt aus dieser Perspektive noch fast genauso wie Caspar David Friedrich seinerzeit.

Wie in den meisten seiner Werke ist seine Darstellung so wirklichkeitsgetreu, dass man die Landschaft ohne Mühe wiedererkennen kann. Zu seinem Stil gehörte aber auch, den Bildern etwas Surreales hinzuzufügen. In diesem Falle sind es die Lichtverhältnisse und Farben, die die Stadtsilhouette fast über den Wiesen schweben lassen.

Adresse Caspar-David-Friedrich-Blick,17498 Wackerow | **Anfahrt** A 20, Ausfahrt Greifswald, Richtung Greifswald, links auf B 105 Richtung Stralsund, Ausfahrt Richtung Wackerow, der Hauptstraße bis kurz nach der Ortsausfahrt Richtung Neuendorf folgen | **Tipp** Wer mehr zum Leben und Werk des Künstlers erfahren will, ist im Caspar-David-Friedrich-Zentrum richtig. Es liegt mitten in der Greifswalder Altstadt in der »Lange Straße« im sogenannten Friedrich-Quartier, wo Caspar David geboren wurde.

102 Die Broilerbar

Die besten Hähnchen der Stadt

Die Grillstube Broiler ist wahrhaftig ein ungewöhnlicher Ort. Schließlich ist diese Imbissbude Bestandteil des Fünf-Sterne-Hotels Neptun. Seit fast einem halben Jahrhundert werden hier die besten Grillhähnchen von ganz Rostock serviert. Innen saftig weiß, außen knusprig braun, mit einer hauchdünnen Haut ohne viel Fett. Dazu natürlich Pommes und selbst gemachte Saucen, die sich wirklich von denen anderer Hähnchenbratereien unterscheiden. Man kann seinen Broiler wahlweise mit Ketchup, Curry-Mango- oder Teufelssauce bestellen. Und selbst wer bei der klassischen Variante bleibt, wird überrascht sein, wie tomatig ein Ketchup schmecken kann, wenn es hausgemacht ist.

Mit diesem Angebot ist die Broilerbar, wie die meisten sie nennen, seit vielen Jahrzehnten Kult. Schon zu DDR-Zeiten war sie eine Besonderheit unter den ansässigen Restaurants. Und nach der Wende ist man dem Konzept einfach treu geblieben. Nicht nur die Rezepturen wurden beibehalten, sondern auch die Einrichtung ist noch fast original erhalten. Nur die Hähnchen kommen glücklicherweise jeden Tag frisch auf den Tisch. Denn der Umschlag ist hoch. Von wegen Geheimtipp! Der Begriff ist bei der Broilerbar fehl am Platz: Schon 15 Minuten nach Restaurantöffnung sind alle Tische besetzt, und weitere Hungrige warten an der Bar oder in der Hotellobby auf einen freien Platz.

Kein Wunder, dass dies der einzige Ort im bekannten Hotel Neptun ist, der nicht verändert wurde. Ein bisschen ungewöhnlich mutet es ja schon an, in einem Haus, das sich zu einem Fünf-Sterne-Luxus-Hotel mit modernem Spa- und Thalasso-Bereich entwickelt hat, ein Restaurant mit Grillhähnchen und 40 Jahre alter Einrichtung vorzufinden. Aber wenn man einmal drin gestanden hat, kommt man schnell zu dem Schluss, dass die Grillstube Broiler wahrscheinlich der Bereich mit der höchsten Auslastung im gesamten Hotelbetrieb ist.

Adresse Seestraße 19, 18119 Rostock-Warnemünde | Anfahrt A 20, Ausfahrt Rostock-West, B 103 Richtung Rostock-Warnemünde, links auf Richard-Wagner-Straße, rechts auf Mühlenstraße, links auf Kurhausstraße, weiter auf Seestraße | Öffnungszeiten täglich 11.30–22 Uhr, | Tipp Der »Alte Strom« ist ein besonders idyllischer Flecken in Warnemünde. An Land von historischen Häusern und im Wasser von Fischkuttern gesäumt, hat dieser Ort sein besonderes Flair.

103 Der Kreuzfahrthafen

Schiffegucken auf Weltniveau

Es ist Sommer. Samstagmorgen, sieben Uhr. Am Alten Strom in Warnemünde herrscht friedliche Ruhe. Die Fischkutter und pittoresken Häuser strahlen etwas Beruhigendes aus. Doch mit der Ruhe ist es schon bald vorbei. Keine zwei Stunden später herrscht hier ein babylonisches Sprachengewirr, denn dann spazieren Amerikaner, Engländer und Italiener entlang des kleinen Kanals. Sie kommen aus Richtung Unterführung unter dem Bahnhof. Dahinter fließt die Warnow, und nur ein paar Steinwürfe entfernt befindet sich der größte Kreuzfahrthafen Deutschlands. Dort haben in den frühen Morgenstunden gleich drei riesige Kreuzfahrtschiffe der weltweit größten Reedereien festgemacht.

Vor einem knappen Vierteljahrhundert, zu Zeiten der DDR, gab es keine ausländischen Kreuzfahrttouristen, die durch Warnemünde schlenderten und frische Fischbrötchen aßen. Es gab lediglich die »Arkona«, das Kreuzfahrtschiff der Staatsreederei, die einigen DDR-Bürgern den Luxus einer Kreuzfahrt bot.

All das änderte sich jedoch nach der Wende. In den 1990er Jahren entdeckte die Kreuzfahrtindustrie Warnemünde als Anlaufpunkt für Ostseekreuzfahrten. Der Charme des Ortes, der schnell erreichbare Strand und nicht zuletzt die Nähe zu Berlin haben Warnemünde innerhalb weniger Jahre zur Nummer eins der deutschen Kreuzfahrthäfen gemacht. Mit dem »Cruise Center« wurde dieser Entwicklung im Jahr 2005 auch infrastrukturell Rechnung getragen. Das moderne, zweigeschossige Terminalgebäude bietet für die internationalen Gäste Service auf höchstem Niveau.

Beinahe 200 jährliche Anläufe der größten existierenden Kreuzfahrtschiffe machen den Hafen auch für Landratten attraktiv. Schließlich gibt es nicht viele Orte, an denen man den großen Stahlkolossen aus nächster Nähe beim Anlegen zusehen kann. Und die Rostock Port Party, die ein paar Mal im Jahr veranstaltet wird, sollte man auf keinen Fall verpassen.

Adresse Am Passagierkai, 18119 Rostock-Warnemünde | **Anfahrt** A 20, Ausfahrt Rostock-West, B 103 Richtung Rostock-Warnemünde, rechts in Richtung Autofähre nach Hohe Düne, über Werftstraße auf Am Passagierkai, zum Parken und Schiffegucken besser der B 103 bis zum Großparkplatz am Bahnhof folgen, durch den Bahnhof zur Kaikante gehen | **Tipp** Direkt neben dem Anleger befindet sich die Erlebnisgastronomie Pier 7. Hier sind die Kreuzfahrtschiffe zum Greifen nah.

104 Der Leuchtturm

Ein Wahrzeichen unterstützt die Region

Es gibt Orte, die sind so markant, dass man sie gar nicht übersehen kann. Dazu gehört unzweifelhaft auch der Leuchtturm von Warnemünde. Seit dem 13. Jahrhundert gab es hier ein Leuchtfeuer, ab 1836 in Form einer Ziehlaterne, die frei in einem Eisenturm hing. 1898 wurde schließlich der heutige, 31 Meter hohe Ziegelsteinbau vollendet, der an der Oberfläche mit glasierten weißen Steinen belegt und durch waagerechte grüne Streifen verziert ist. Zusammen mit dem kupfernen Kuppeldach auf der Laternenstube verleihen sie ihm sein unverwechselbares Aussehen. So steht er seither als Landmarke vor dem Strand von Warnemünde und weist Schiffen den sicheren Weg in den Hafen.

Der Leuchtturm ist aber nicht nur für die Seefahrt bedeutsam, sondern auch für den Tourismus. Einmal im Jahr – und das ist jedes Jahr der Neujahrsabend – steht er »in Flammen«. Das Spektakel aus Feuerwerk, Licht- und Lasershow sowie Live-Performances zieht jedes Mal 70.000 Menschen an. Aber auch zur regulären Saison, die von Ostersamstag bis Oktober dauert, kommen jährlich Tausende von Besuchern auf den Turm und genießen die Aussicht von den beiden umlaufenden Galerien. Mit dem kleinen Obolus, den sie als Eintritt zahlen, tragen sie nicht nur zum Erhalt des Wahrzeichens bei.

Durch die große Anzahl der Besucher kommt jedes Jahr genug Geld zusammen, um damit auch andere Projekte und Einrichtungen aus den Bereichen Denkmalschutz, Kultur und Soziales unterstützen zu können. Der Förderverein Leuchtturm Warnemünde e. V. konnte seit seiner Gründung im Jahr 1994 bereits über eine halbe Million Euro an über 100 Einrichtungen vergeben. Der Leuchtturm besitzt also eine gewisse Strahlkraft – nicht nur für die Schifffahrt, sondern für die gesamte Region. Somit ist er definitiv ein Ort, den man gesehen haben muss, weil man so dazu beiträgt, auch andere sehenswerte Orte zu erhalten.

Adresse Seepromenade, 18119 Rostock-Warnemünde, www.warnemuende-leuchtturm.de | Anfahrt A 20, Ausfahrt Rostock-West, B 103 Richtung Rostock-Warnemünde, weiter auf Rostocker Straße, links auf Poststraße, rechts auf Kirchenplatz, weiter auf Friedrich-Franz-Straße, links auf Georginenplatz, rechts auf Luisenstraße, bis Seestraße fahren, der Leuchtturm liegt am Kopf der Seepromenade | Öffnungszeiten Ostern–Anfang Okt. täglich 10–19 Uhr und nach Vereinbarung | Tipp Am Strom in Warnemünde kann man in eines der Fahrgastschiffe steigen und beispielsweise zur großen Hafenrundfahrt Rostock-Warnemünde aufbrechen.

105 Die Grube mit dem Gewölbe

Das Idyll in der Innenstadt

»Wasser ist Leben.« Für uns, die jederzeit genug frisches Wasser verfügbar haben, klingt das wie ein abgenutzter Werbeslogan. Im Mittelalter dürften sich die Menschen ihrer Abhängigkeit vom kühlen Nass wesentlich stärker bewusst gewesen sein. Und so war die »Grube« damals die Lebensader der Wismarer. Der ehemals natürliche Mühlenbach, der sich den Weg durch die Wismarer Innenstadt bis zum Ostseehafen bahnt, wurde ab dem 13. Jahrhundert reguliert, aufgestaut und schiffbar gemacht. Die Grube, wie der Bach umgangssprachlich genannt wurde, diente der Trinkwasserversorgung, zum Wäschewaschen, als Transportweg und Löschwasser. Sie war für die Wismarer tatsächlich Lebenselixier und Lebensnotwendigkeit.

In ihrem Verlauf tragen die Abschnitte des Bachs die Namen Mühlengrube, Frische Grube und – kurz vor dem Hafen – Runde Grube. Diese Namen übertrugen sich auch auf die entlang des Wassers verlaufenden Straßen, die von schlichten, aber abschnittsweise sehr hübsch sanierten Altstadthäuschen gesäumt werden. Das eindrucksvollste Gebäude findet sich jedoch ganz am Ende, aber nicht neben, sondern über der Runden Grube. Das sogenannte Gewölbe wurde Mitte des 17. Jahrhunderts errichtet und war einst Teil der Stadtbefestigung. Für die Grube und die Stadtbewohner hatte es eine weitere wichtige Funktion: Bei Stadtbränden wurde der Abfluss der Grube unter dem Gebäude mit eisernen Toren versperrt. So konnte das Wasser aufgestaut und zum Löschen verwendet werden. Das Innere des roten Fachwerkhauses, das bis 1823 der Stadt gehörte, diente zunächst als Ort der Qualitätsprüfung von im Hafen angelieferten Weinen und später als Wein- und Bierausschank. Mitte des 19. Jahrhunderts zog eine Aal- und Fischräucherei ein, und heute kann man hier in schön sanierten Ferienwohnungen seinen Ostseeurlaub verbringen.

Adresse Runde Grube 4, 23966 Wismar | Anfahrt A 20, Ausfahrt Wismar-Mitte, B 208 Richtung Wismar, im Kreisverkehr 2. Ausfahrt, links auf Dahlmannstraße, im Kreisverkehr 2. Ausfahrt, weiter auf Am Hafen, das Gewölbe liegt rechts, von dort kann man zu Fuß dem Verlauf der Grube folgen | Tipp Im gegenüberliegenden Alten Hafen kann man Fischbrötchen und Räucherfisch direkt vom Kutter »Minna von Friedrichskoog« kaufen und genießen.

106 Das Karstadt-Warenhaus

Der Ursprung einer Ära

Zugegeben, »Le Bon Marché« und »Galeries Lafayette« in Paris oder »Harrods« und »Selfridges« in London mögen einen größeren internationalen Glanz ausstrahlen. Doch das, was 1881 unter dem Namen »Manufactur-, Confections- und Tuchgeschäft C. Karstadt« in der Hansestadt Wismar entstand, entwickelte sich bis zur Mitte des 20. Jahrhunderts zu einer der bedeutendsten und größten Warenhausketten Europas.

Wieso aber eröffnete das erste Karstadt-Warenhaus ausgerechnet in Wismar und nicht etwa in Berlin oder München? Es war Christian Karstadt, Vater des späteren Karstadt-Gründers Rudolph, der Mitte des 19. Jahrhunderts in Grevesmühlen eine Färberei und eine Manufakturwarenhandlung betrieb. 1866 zog die Familie nach Schwerin, wo Rudolph im väterlichen Betrieb den Beruf des Einzelhandelskaufmanns erlernte. 15 Jahre später war es so weit: Rudolph eröffnete mit der finanziellen Unterstützung seines Vaters ein »Manufactur-, Confections- und Tuchgeschäft« in der Wismarer Krämerstraße 4. Sein Startkapital betrug 1.000 Taler, ein Möbelwagen voller Waren und eine bahnbrechende Geschäftsstrategie:

»Es wird stets mein Bestreben sein, mir durch strengste Reelität das Vertrauen der mich Beehrenden zu erwerben, und wird der Verkauf zu sehr billigen festen Preisen, aber nur gegen Baar stattfinden.«

Das Geschäft florierte, und zu Beginn des 20. Jahrhunderts besaß Rudolph Karstadt bereits 24 Kaufhäuser. 1908 eröffnete schließlich der Neubau des Kaufhauses an der Ecke Krämerstraße/Lübsche Straße. Auch nach Weltwirtschaftskrisen, zahlreichen Irrungen und Wirrungen zur Nazi- und DDR-Zeit samt Enteignungen und nicht zuletzt der wirtschaftlichen Schieflage der Karstadt AG im neuen Jahrtausend ist der viergeschossige Jugendstilbau noch immer das Stammhaus der Karstadt-Warenhäuser. Und anlässlich des 125-jährigen Firmenjubiläums wurde der Platz vor dem Haus in »Rudolph-Karstadt-Platz« umbenannt.

Adresse Rudolph-Karstadt-Platz 1, 23966 Wismar | **Anfahrt** A 20, Ausfahrt Wismar-Mitte, B 208 Richtung Wismar, im Kreisverkehr 2. Ausfahrt, links auf Dahlmannstraße, im Kreisverkehr 1. Ausfahrt, das Haus liegt Ecke Lübsche Straße/Krämerstraße | **Öffnungszeiten** Mo – Sa 9.30 – 19 Uhr | **Tipp** Nur wenige Meter entfernt organisiert die Gemeinschaft Wismarer Künstler- und Kunstfreunde Ausstellungen in einer Galerie, die genau wie die Straße heißt, in der sie liegt: »Hinter dem Rathaus« (Hausnummer 8).

107 Das Knopfmuseum

Kein bisschen zugeknöpft

In der Wismarer Weberstraße liegt ein Museum, das sicherlich zu den kleinsten an der Ostseeküste Mecklenburg-Vorpommerns gehört. Dass es hier trotzdem rund eine halbe Million Ausstellungsstücke zu sehen gibt, liegt daran, dass die Exponate ebenfalls besonders klein sind. Wer das private Knopfmuseum von Reingard Berger betritt, bekommt die vielen modernen und historischen Verschlüsse aber nicht sofort zu sehen. Erst einmal gilt es, einen spannenden Vortrag über die Geschichte der Knöpfe zu hören, die ungefähr um 600 n. Chr. beginnt. Denn Knöpfe wurden schon in der Antike verwendet. Allerdings nicht um Kleidungsstücke damit zu verschließen, sondern einfach zu deren Verzierung. Erst ein paar Jahrhunderte später kam der Nutzen als Verschluss hinzu. Reingard Berger nimmt die Besucher auf eine Reise durch die Geschichte des Knopfes mit. Sie erläutert Theorien dazu, wie die unterschiedliche Knöpfung von Frauen- und Männerkleidung entstanden ist. Sie erzählt vom ältesten Knopffund der Menschheitsgeschichte und erklärt, warum es Zeiten gab, in denen Knöpfe sogar als Zahlungsmittel dienten. Und das alles mit viel Humor und Leidenschaft, denn sie will beim Zuhörer auch ein Gespür dafür wecken, welchen Wert Knöpfe für die Wirkung der Kleidung haben. Erst nach dem Vortrag geht es ran an die Kisten, Dosen, Zigarrenschachteln und Schubladen, in denen die riesige Sammlung lagert. 600 Jahre alt ist das älteste Ausstellungsstück. Es gibt Knöpfe aus Horn, aus Perlmutt, aus Holz und Bambus, aus Glas und Kristall, aus Silber und Bronze und sogar aus Knochen.

Doch die Sammlung ist noch lange nicht vollständig und wird es auch nie sein. Erst im Frühjahr 2013 »erbte« das Museum knapp 8.500 historische Knöpfe von einer alten Dame aus Schleswig-Holstein. Die Zeitung berichtete davon, und seither klopfen immer wieder Knopfsammler an, die ihre Schätzchen einmal der Öffentlichkeit zeigen wollen.

Adresse Weberstraße 10, 23966 Wismar | **Anfahrt** A 20, Ausfahrt Wismar-Mitte, B 208 Richtung Wismar, im Kreisverkehr 2. Ausfahrt, rechts auf Dr.-Leber-Straße, links auf Dr.-Leber-Straße bleiben, links in Weberstraße | **Öffnungszeiten** Di 11 – 17 Uhr und nach Vereinbarung (buero@reingard.de, Tel. 0174/9967902) | **Tipp** Im phanTECHNIKUM (Zum Festplatz 3) wird die Technikgeschichte des Landes erlebbar. Das Museum bietet viele Experimente und Technik zum Anfassen.

108 Die Marienkirche

Ein Kirchturm ohne Schiff

St. Georgen, St. Marien, St. Nikolai. Wismars Stadtsilhouette war seit dem Mittelalter von seinen drei großen Kirchen geprägt. Unter den drei Vertreterinnen der Backsteingotik war St. Marien die Rats- und Hauptkirche, im Zentrum der Altstadt und Nachbarschaft des Marktes gelegen.

Genau wie St. Georgen fiel die Marienkirche den Luftangriffen im Zweiten Weltkrieg zum Opfer. Während der Kirchturm den Erschütterungen durch die Bomben standhielt, wurde das Kirchenschiff stark beschädigt. 15 Jahre standen die Ruinen im Stadtzentrum, trotzten Wind und Wetter. Wunsch der Bürger war es, ihr Gotteshaus wiederaufzubauen. Und auch den Expertisen verschiedener Sachverständiger zufolge gab es nichts, was diesem Wunsch im Wege gestanden hätte. Und dennoch: Im Sommer 1960 wurde von offizieller Seite der Abriss des Kirchenschiffes beschlossen und trotz massiver Proteste der Bevölkerung auch durchgeführt. Selbstverständlich um die Sicherheit der Wismarer Bevölkerung zu gewährleisten. Denn dafür war nach Meinung einer SED-Kommission die Sprengung des Bauwerks unumgänglich. Dass sich die Backsteine hervorragend als neues Baumaterial eigneten und die Parteizentrale auf dem Grundstück einen Kulturpalast plante, werden wohl eher die ausschlaggebenden Gründe gewesen sein.

Doch zum Glück wurde der letztgenannte Plan nicht verwirklicht. Während der Turm stehen blieb, lag die restliche Fläche brach, wurde ab 1970 als Parkplatz genutzt. Das änderte sich ab dem Jahr 2002, als der Turm für die Ausstellung »Wege zur Backsteingotik« restauriert wurde. Es wurden archäologische Grabungen durchgeführt, die wertvolle Informationen über das Kirchenschiff aus dem 14. Jahrhundert sowie den 200 Jahre älteren Vorgängerbau lieferten. Anschließend wurden die Wände und Stützpfeiler sockelhoch aufgemauert und so die Grundfläche des gesamten Kirchengebäudes wieder sichtbar gemacht.

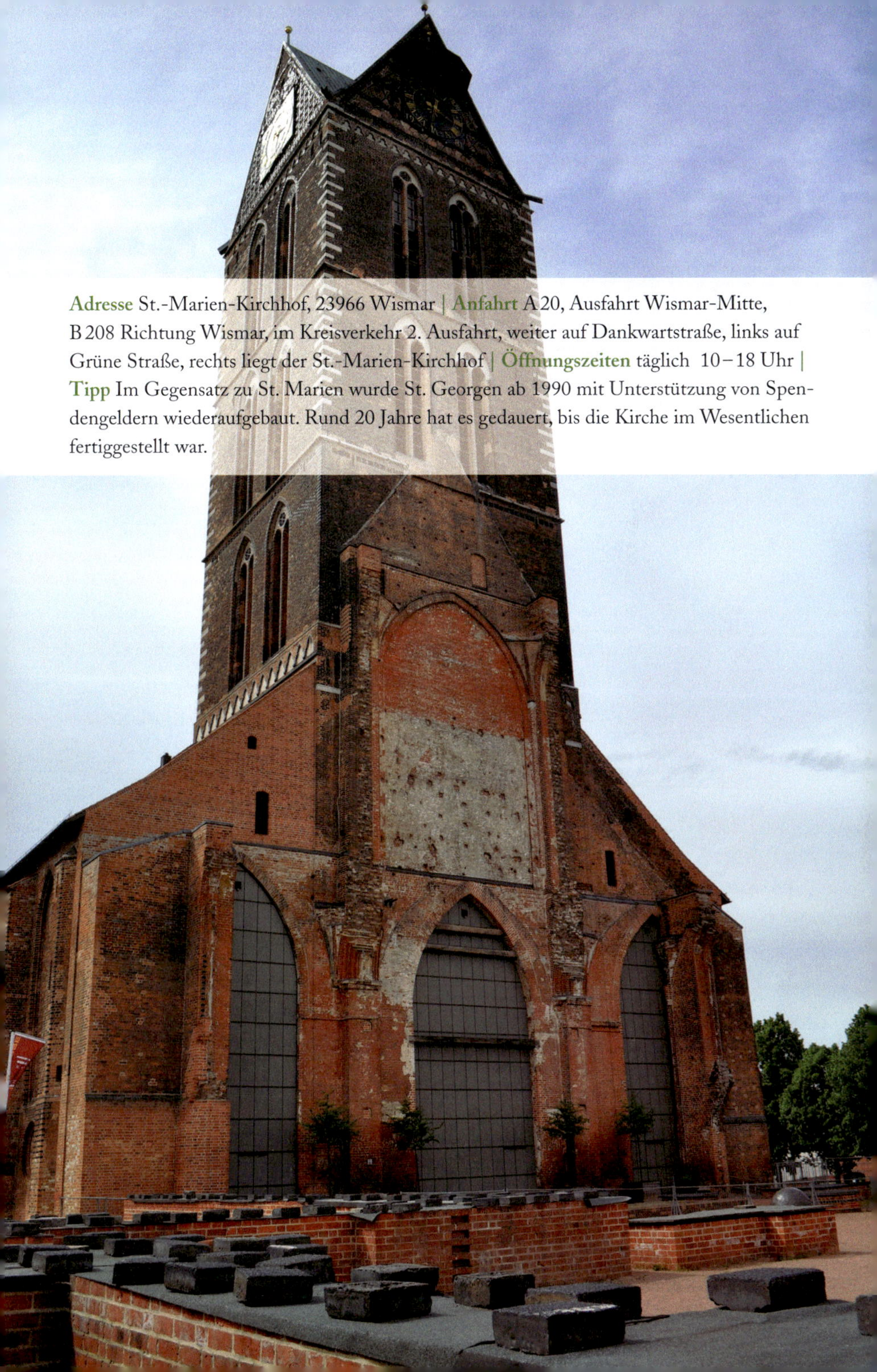

Adresse St.-Marien-Kirchhof, 23966 Wismar | **Anfahrt** A 20, Ausfahrt Wismar-Mitte, B 208 Richtung Wismar, im Kreisverkehr 2. Ausfahrt, weiter auf Dankwartstraße, links auf Grüne Straße, rechts liegt der St.-Marien-Kirchhof | **Öffnungszeiten** täglich 10–18 Uhr | **Tipp** Im Gegensatz zu St. Marien wurde St. Georgen ab 1990 mit Unterstützung von Spendengeldern wiederaufgebaut. Rund 20 Jahre hat es gedauert, bis die Kirche im Wesentlichen fertiggestellt war.

109_Nix und Nixe

Lebensnotwendige Erreger öffentlichen Ärgernisses

Schlendert man heute über den historischen Wismarer Markplatz, der mit seinen Maßen von exakt 100 mal 100 Metern der größte in ganz Norddeutschland ist, sticht einem ein Bauwerk sofort ins Auge: die Wismarer Wasserkunst. Ein pavillonartiger Bau mit einem glockenförmigen Kupferdach. Wer nun aber denkt, es handele sich um ein Wahrzeichen, das aus rein ästhetischen Gründen für den gemeinen Touristen errichtet worden wäre, der irrt gewaltig. Denn die vor etwa 400 Jahren gebaute Wasserkunst war ein städtisches Verteilungs-Bauwerk für Trinkwasser, das lange Zeit Hunderte Häuser mit Wasser aus Quellen südlich der Stadt versorgte. Vor allem Brauereien, aber auch Privathäuser wurden über ausgehöhlte Fichtenstämme, die als Leitungen dienten, beliefert.

Doch auch für die Haushalte, die über keine eigene Leitung verfügten, gab es eine Möglichkeit, an frisches Wasser zu gelangen. Es wurden sogenannte Freipfosten in der Wasserkunst eingerichtet, mit Hilfe derer die Bewohner kostenlos an Trinkwasser kamen. Im Rahmen von Umbaumaßnahmen wurden die Freipfosten »Nix und Nixe« 1862 außen an die Wasserkunst versetzt und fortan gemeinhin auch »Adam und Eva« genannt.

Bis zum Ende des 19. Jahrhunderts diente die Wasserkunst der Trinkwasserversorgung der Stadt, doch mit neuen Versorgungsmöglichkeiten wurde sie überflüssig. Zu dieser Zeit wurden die Bronzefiguren »Nix und Nixe« demontiert und dem Stadtmuseum im Schabbellhaus übergeben. Der Grund hierfür lag in der wilhelminischen Prüderie, die mittlerweile Einzug gehalten hatte. Den Bewohnern der Stadt, die Nix und Nixe mittlerweile den Namen »Frau- und Mannloch« verpasst hatten, war die Darstellung der Figuren schlichtweg zu obszön.

Während die Originale noch immer im Stadtmuseum bewundert werden können, wurden 1998 Kopien von Nix und Nixe an der Wasserkunst angebracht, an denen sich heute niemand mehr stört.

Adresse Am Markt, 23966 Wismar | **Anfahrt** A 20, Ausfahrt Wismar-Mitte, B 208 Richtung Wismar, im Kreisverkehr 2. Ausfahrt, weiter auf Dankwartstraße, rechts auf Am Markt | **Tipp** Am Marktplatz befindet sich das Gasthaus »Alter Schwede«, das in einem der ältesten und wertvollsten Bürgerhäuser Wismars untergebracht ist.

110 Die Schwedenköpfe

Wächter über die Hafeneinfahrt

Wer mit dem Schiff nach Wismar kommt, sieht sie. Wer vor dem Baumhaus im Alten Hafen steht, sieht sie. Wer aufmerksam durch die Stadt schlendert, kann sie auch sehen. Zum Beispiel über der Eingangstür des »Alten Schweden«, Wismars ältestem backsteingotischen Haus, direkt am Marktplatz. Aber nur in der Sammlung des Stadtgeschichtlichen Museums im Schabbellhaus, das derzeit umfassend saniert wird, bekommt man ein Original zu sehen: einen echten Schwedenkopf. Alle anderen Exemplare sind Repliken. Die riesigen bunt bemalten Häupter mit der Löwenkappe sind zu einem Wahrzeichen der Stadt geworden und schmücken selbige vielerorts. Der Originalschwede aus dem Museum stand seit Beginn des 19. Jahrhunderts mit einem Kompagnon auf den Duckdalben, die vor dem Stadtteil Wendorf die Hafeneinfahrt markierten. Es wird vermutet, dass die Skulpturen ursprünglich als Schiffsverzierungen gedient haben.

Woher der Name »Schwedenköpfe« genau kommt, kann nicht mehr ganz nachvollzogen werden. Möglicherweise stammt er von der Frisur der Skulpturen. Denn um 1800 bezeichnete man mit diesem Begriff ebendiese Kurzhaarschnitte, die man trug, um seine Modernität und Aufgeklärtheit zu demonstrieren. Oder aber der Name entstand dadurch, dass die Duckdalben, auf denen die beiden Originale standen, schon vor Installation der Köpfe als »Alte Schweden« bezeichnet wurden.

Im Herbst des Jahres 1902 rammte ein finnischer Frachter die Duckdalben und beschädigte die beiden Schweden. Sie wurden daraufhin durch zwei Nachbildungen aus Gusseisen ersetzt. Wiederum 100 Jahre später wurden 25 weitere Schwedenköpfe aus Kunststoff gefertigt, von denen sich einige in Privatbesitz befinden. Zwei davon erhielten staatliche beziehungsweise städtische Einrichtungen in Schweden. Die Köpfe sollten als Werbeträger für das »Schwedenjahr« 2003 dienen, in dem sich die Rückgabe Wismars von Schweden an Mecklenburg zum 100. Mal jährte.

Adresse Alter Hafen, 23966 Wismar | **Anfahrt** A 20, Ausfahrt Wismar-Mitte, B 208 Richtung Wismar, im Kreisverkehr 2. Ausfahrt, links auf Dahlmannstraße, im Kreisverkehr 2. Ausfahrt, weiter auf Am Hafen, links befindet sich der Alte Hafen, an dessen Spitze das Baumhaus liegt | **Tipp** Im Alten Hafen startet auch die »Poeler Kogge«, der Nachbau einer Hansekogge, zu regelmäßigen Törns. Information und Buchung unter www.poeler-kogge.de.

111 Der Pramort

Eldorado für Ornithologen

Der Pramort ist die östlichste Spitze von Zingst und einer der schönsten Flecken auf der gesamten Halbinsel, weil er so naturbelassen ist. Der Pramort war nämlich schon immer nur spärlich besiedelt.

Ursprünglich, als Zingst noch eine Insel war, gehörte es der Hansestadt Stralsund. Diese wiederum nutzte die Sundischen Wiesen im Ostteil als Sommerweideflächen für die stadteigenen Rinder. Um die Tiere im Frühjahr und Herbst übersetzen zu können, wurde eine flache, boddentaugliche Fähre, eine sogenannte Prahm, eingesetzt. Die Anlegestelle, in deren Umgebung sich im 17. Jahrhundert einige Bauern niederließen, trug daher den Namen Pramort. Von 1937 bis 1990 wurden der Pramort und die Sundischen Wiesen militärisch genutzt, was für eine naturbelassene Entwicklung der Landschaft oftmals ein Segen ist.

Mittlerweile ist der schöne Zingster Osten für die Öffentlichkeit zugänglich, aber nur mit gewissen Beschränkungen. Die wenigen Wege dürfen nicht verlassen werden, und im September und Oktober ist der Bereich ab 15 Uhr komplett für die Öffentlichkeit gesperrt. Denn der Graue Kranich, der die Sundischen Wiesen als Rastplatz auf dem Weg ins Winterquartier nutzt, ist sehr sensibel und soll möglichst wenig gestört werden. Und der Weg zum Pramort passiert nun einmal diese Wiesen. Wenn der Zugang aber gestattet ist, ist der hölzerne Turm an der Ostspitze der ideale Ort, um die Zugvögel zu beobachten, die zu diesem Zeitpunkt zu Tausenden in der Boddenlandschaft Rast machen. Die Sicht auf die vorgelagerten Werder-Inseln, die mittlerweile auch an die Halbinsel angeschlossen sind, ist besonders eindrucksvoll. Traumhaft ist auch die Aussicht von der Hohen Düne, die sich am Nordrand vom Pramort befindet. Von dem bis zu 13 Meter hohen Weißdünenfeld, dem größten an der deutschen Ostsee, hat man den besten Blick auf die Zingster Landschaft.

Adresse 18374 Ostseeheilbad Zingst | **Anfahrt** A 20 bis Kreuz Rostock, A 19 Richtung Rostock, Ausfahrt Rostock-Ost, B 105 Richtung Ribnitz-Damgarten, weiter auf B 105 Richtung Stralsund, kurz vor Wiepkenhagen links auf Bartelshäger Damm, nach Durchfahrt von Bodstedt links Richtung Zingst abbiegen, rechts Richtung Gemeinde Zingst, im 1. Kreisverkehr 1. Ausfahrt, im 2. Kreisverkehr 3. Ausfahrt, leicht rechts auf Müggenburger Weg, Straße bis zum Hotel »Schlößchen Sundische Wiese«, hier kann man ein Fahrrad leihen und damit die restlichen 8 Kilometer zur Ostspitze zurücklegen | **Tipp** Das Max Hünten Haus in der Schulstraße 3 ist allein schon wegen seiner modernen Architektur einen Besuch wert. Im Inneren beherbergt es eine Bibliothek, eine Fotoschule, die Tourist-Information und Räume für Kulturevents.

SCHWEDEN
N
0
18 km
Kartographie: www.altancicek.de
Ostsee
Lolland
Fehmarn
Mecklenburger Bucht
Lübecker Bucht
Rügen
Usedom
1
2
3
Stralsund
Rostock
Vorpommern
Greifswald
Wismar
Anklam
Schwerin
Mecklenburgische Seenplatte
Neubrandenburg
Parchim
Prenzlau
Prignitz
Uckermark
Wittenberge
Elbe
BERLIN
Brandenburg
Potsdam
Magdeburg
A20
A14
A19
A24
A11
A111
A10
A115
A113
A2
A9
A13

1
Burg
Fehmarn
N
0 6 km
Kartographie: www.altancicek.de
Heiligenhafen
Mecklenburger Bucht
Heiligen-damm
40
39
4
Kühlungsborn
5
6
Rerik
Bad Doberan
42
7
43
Retschow
Kröpelin
Am Salzhaff
1
Neubukow
38
Lübecker Bucht
Insel Poel
10
Boiensdorf
11
Boltenhagen
34
33
Satow
35
36
12
16
Kalkhorst
37
Klütz
Travemünde
A20
Dassow
105
106
107
108
Wismar
109
110
28
Neukloster
Schönberg
Grevesmühlen
Dorf Mecklenburg
17
A20
Bad Kleinen
A14
Ratzeburg
Gadebusch
Sternberg
Schaalsee
Schweriner See
Schwerin
Crivitz
Zarrentin a. Schaalsee
Wittenburg
A24
A14
Hagenow
Parchim

2
N
0
6 km
Kartographie: www.altancicek.de
14
13
Prerow
Zingst
15
111
20
19
Ahrenshoop
18
21
Wustrow
Barth
9
Stralsund
77
78
79
80
81
82
22
45
44
Graal-
Müritz
Ribnitz-
Damgarten
102
103
104
52
41
Warne-
münde
Nien-
hagen
53
Bartens-
hagen
Rostock
8
46
47
48
49
50
51
54
55
Grimmen
Tribsees
A20
Tessin
A20
A20
Gnoien
Schwaan
A19
Demmin
Dargun
Bützow
Kummerower See
Güstrow
Teterow
Malchin
A19
Stavenhagen

3
N
0
6 km
Kartographie: www.altancicek.de
Putgarten
71
70
32
Hiddensee
29
30
31
Lohme
64
72
Sagard
Sassnitz
Ummanz
75
Rügen
58
Prora
61
57
Bergen auf Rügen
Binz
60
59
74
73
Sellin
Baabe
66
67
69
68
Putbus
65
56
63
Gager
62
Garz/Rügen
Reinberg
Peenemünde
96
Wackerow
101
Greifswald
27
24
23
25
26
98
Trassenheide
Zinnowitz
99
92
93
Koserow
Loddin
94
Usedom
90
88
89
Loitz
A20
97
Rankwitz
Mellenthin
Heringsdorf
85
Ahlbeck
Jarmen
95
Zirchow
Garz
Peene
Anklam
91
Usedom
Dargen
86
100
87
2
3
76
Spantekow
84
Ueckermünde
Altentreptow
Friedland
Torgelow
83

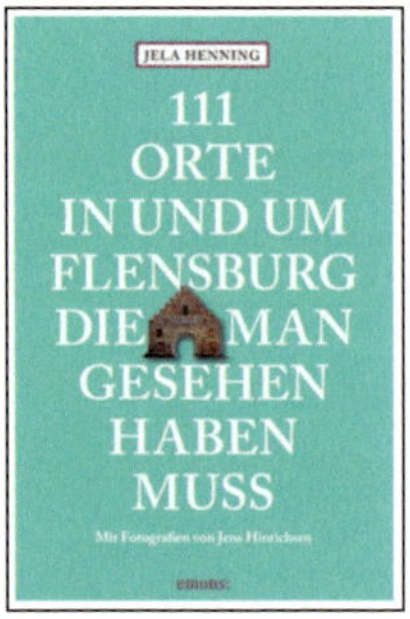

Jela Henning
111 Orte in und um Flensburg, die man gesehen haben muss
ISBN 978-3-7408-0241-7

Jochen Reiss
111 Orte in Kiel, die man gesehen haben muss
ISBN 978-3-95451-705-3

Jana Jürß
111 Orte an der Mecklen-burgischen Seenplatte, die man gesehen haben muss
ISBN 978-3-95451-536-3

Maren Kaschner, Anselm Neft
111 Orte auf Rügen, die man gesehen haben muss
ISBN 978-3-95451-837-1

Alexandra Schlennstedt, Jobst Schlennstedt
111 Orte an der Ostseeküste, die man gesehen haben muss
ISBN 978-3-89705-824-8

Sina Beerwald
111 Orte auf Sylt, die man gesehen haben muss
ISBN 978-3-95451-511-0

Alexandra Schlennstedt, Jobst Schlennstedt
111 Orte in Lübeck, die man gesehen haben muss
ISBN 978-3-95451-564-6

Vito von Eichborn
111 Orte zwischen Lübeck und Kiel, die man gesehen haben muss
ISBN 978-3-95451-339-0

Jochen Reiss
111 Orte in Nordfriesland, die man gesehen haben muss
ISBN 978-3-95451-627-8

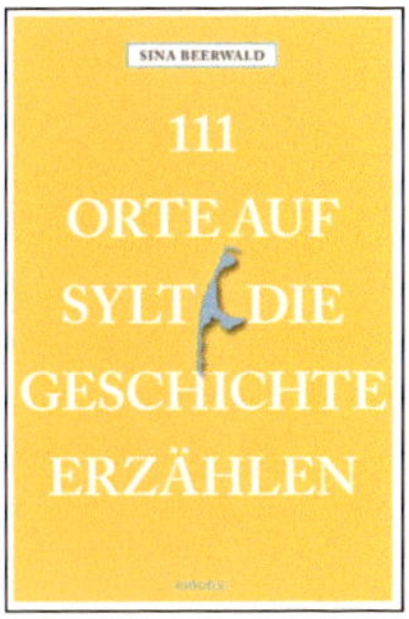

Sina Beerwald
111 Orte auf Sylt, die Geschichte erzählen
ISBN 978-3-7408-0120-5

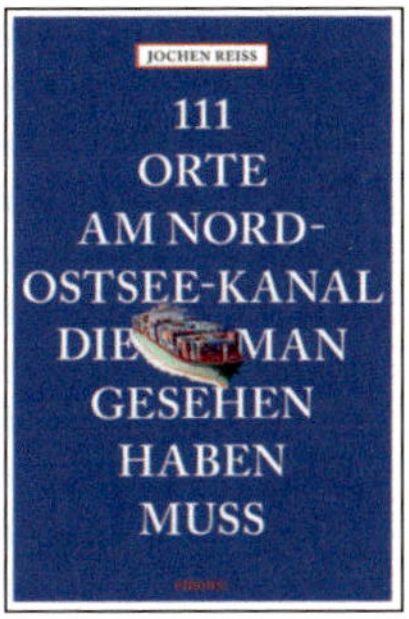

Jochen Reiss
111 Orte am Nord-Ostsee-Kanal, die man gesehen haben muss
ISBN 978-3-7408-0133-5

Sina Beerwald
22 Touren auf Sylt, die man gemacht haben muss
ISBN 978-3-7408-0734-4

Rike Wolf
111 Orte in Hamburg, die man gesehen haben muss
ISBN 978-3-89705-916-0

Rike Wolf
111 Orte in Hamburg, die uns Geschichte erzählen
ISBN 978-3-95451-418-2

Alexandra Schlennstedt, Jobst Schlennstedt
111 Orte in Ostwestfalen-Lippe, die man gesehen haben muss
ISBN 978-3-95451-109-9

Alexandra Schlennstedt, Jobst Schlennstedt
111 Orte in der Lüneburger Heide, die man gesehen haben muss
ISBN 978-3-95451-844-9

Alexandra Schlennstedt, Jobst Schlennstedt
111 Orte in Bielefeld, die man gesehen haben muss
ISBN 978-3-7408-0123-6

Jela Henning, Jens Hinrichsen
111 Orte in und um Schwerin, die man gesehen haben muss
ISBN 978-3-7408-0635-4

Stefanie Sohr, Volko Lienhardt
111 Orte auf St. Pauli, die man gesehen haben muss
ISBN 978-3-7408-0685-9

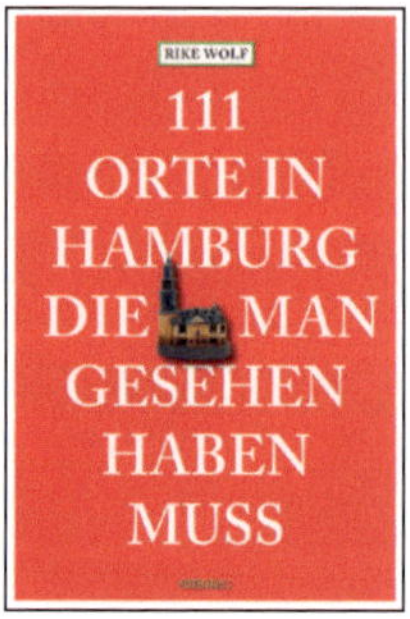

Jochen Reiss
111 Orte rund um Hamburg, die man gesehen haben muss
ISBN 978-3-7408-0564-7

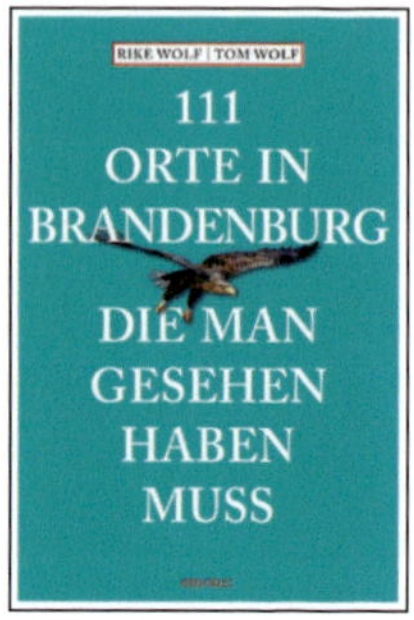

Rike Wolf, Tom Wolf
111 Orte in Brandenburg, die man gesehen haben muss
ISBN 978-3-95451-235-5

Kirsten Elsner-Schichor
111 Orte im Harz, die man gesehen haben muss
ISBN 978-3-7408-0737-5

René Förder
111 Orte in Sachsen-Anhalt die man gesehen haben muss
ISBN 978-3-89705-911-5

Bernd Flessner
111 Orte auf Juist, die man gesehen haben muss
ISBN 978-3-7408-0548-7

Christine Izeki, Gerald Roemer
111 Orte im Wendland, die man gesehen haben muss
ISBN 978-3-7408-0352-0

Dorothee Fleischmann, Carolina Kalvelage
111 Orte im Weserbergland, die man gesehen haben muss
ISBN 978-3-7408-0341-4

Ingo Stock
111 Orte auf Spiekeroog, die man gesehen haben muss
ISBN 978-3-7408-0339-1

Jacek Auerbach
111 Orte in Oldenburg, die man gesehen haben muss
ISBN 978-3-7408-0249-3

Jochen Reiss
111 Orte in und um Göttingen, die man gesehen haben muss
ISBN 978-3-7408-0730-6

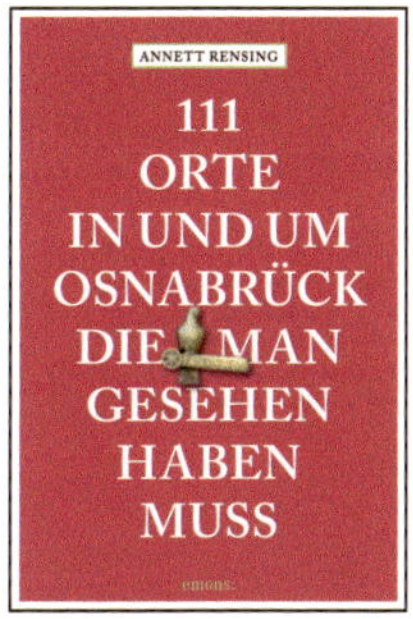

Annett Rensing
111 Orte in Osnabrück, die man gesehen haben muss
ISBN 978-3-7408-0239-4

Norbert Ney, Sonja Bergot
111 Orte in Ostfriesland, die man gesehen haben muss
ISBN 978-3-95451-828-9

Manfred Reuter, Lena Reuter
111 Orte auf Norderney, die man gesehen haben muss
ISBN 978-3-7408-0130-4

Axel Klingenberg
111 Orte im Braunschweiger Land, die man gesehen haben muss
ISBN 978-3-95451-671-1

Lust auf mehr? Laden Sie sich die »LChoice«-App runter, scannen Sie den QR-Code und bestellen Sie weitere Bücher direkt in Ihrer Buchhandlung.

LChoice

Hier bestellen

Bildnachweis

Alle Fotos Alexandra und Jobst Schlennstedt, außer S. 53, Tourismus- und Kur GmbH Graal-Müritz/Frank Neumann, Rostock; S. 55 Pommersches Landesmuseum, S. 61 Universität Greifswald/Hans-Werner Hausmann; S. 223 Knopfmuseum Wismar/Jens Büttner, Schwerin; S. 231 oben Kur- und Tourismus GmbH Zingst/Uwe Engler; S. 231 unten Peter Prast

Die Autoren

Alexandra Schlennstedt, geboren in Siebenbürgen und aufgewachsen in Baden-Württemberg, studierte Geografie in Bayern und fand 2004 in Lübeck ihre neue Heimat. Der Spaß am Recherchieren und Texten brachte sie dazu, ihren Arbeitsalltag im PR- und Marketingbereich durch die Tätigkeit als Emons-Autorin in der 111-Orte-Reihe zu ergänzen.

Jobst Schlennstedt, 1976 in Herford/Ostwestfalen geboren und dort aufgewachsen, studierte Geografie an der Universität Bayreuth. Seit Anfang 2004 lebt er in Lübeck. 2008 veröffentlichte er seinen ersten von mittlerweile zehn Küsten Krimis im Emons Verlag. Auch zwei Ostwestfalen Krimis hat er bereits geschrieben. In den 111-Orte-Büchern ist Jobst Schlennstedt ausnahmsweise nicht fürs Texten, sondern für die Fotoaufnahmen verantwortlich.